FREUD

A CURA PELO ESPÍRITO

STEFAN ZWEIG

FREUD

A CURA PELO ESPÍRITO

Tradução de Renato Zwick, Joana Angélia d'Avila Mello (*Prefácio*), Silvana Colombo de Almeida (*A nova obra de Freud* e *Discurso de Stefan Zweig*)

www.lpm.com.br

L&PM POCKET

Coleção **L&PM** POCKET, vol. 1378

Texto de acordo com a nova ortografia.
Título original: *Die Heilung durch den Geist*
Traduzido de *Die Heilung durch den Geist. Mesmer, Mary Baker Eddy, Freud*, Frankfurt am Main, Fischer, 2012

Tradução: Renato Zwick, Joana Angélia d'Avila Mello Prefácio) e Silvana Colombo de Almeida
Capa: Ivan Pinheiro Machado. *Foto*: iStock
Prefácio: Élisabeth Roudinesco
Preparação: Luiza Gressler
Revisão: Mariana Donner da Costa

CIP-Brasil. Catalogação na publicação
Sindicato Nacional dos Editores de Livros, RJ.

Z96s

Zweig, Stefan, 1881-1942
Sigmund Freud: a cura pelo espírito / Stefan Zweig; tradução Renato Zwick; Joana Angélica D'Ávila Mello; Silvana Colombo de Almeida. – 1. ed. – Porto Alegre [RS]: L&PM, 2025.

176 p. ; 18 cm.
Tradução de: *Die Heilung durch den Geist*
ISBN 978-65-5666-528-3

1. Freud, Sigmund, 1856-1939. 2. Psicanálise. 3. Cura pela mente. I. Zwick, Renato. II. Mello, Joana Angélica D'Ávila. III. Almeida, Silvana Colombo de. IV. Título.

25-95721 CDD: 150.1952
CDU: 159.964.2

Gabriela Faray Ferreira Lopes - Bibliotecária - CRB-7/6643

Rua Comendador Coruja, 314, loja 9 – Floresta – 90.220-180
Porto Alegre – RS – Brasil / Fone: 51.3225.5777

PEDIDOS & DEPTO. COMERCIAL: vendas@lpm.com.br
FALE CONOSCO: info@lpm.com.br
www.lpm.com.br

Impresso no Brasil
Outono de 2025

Sumário

PREFÁCIO

Dois amigos na tormenta europeia

Élisabeth Roudinesco

A partir de 1908, ano em que Stefan Zweig começa a enviar seus livros a Freud, o intercâmbio entre os dois indica claramente que o escritor dedica ao estudioso uma admiração ilimitada, enquanto este último se sente simplesmente honrado por desfrutar do reconhecimento vindo de um autor cuja obra já obtém franco sucesso. Os três textos aqui apresentados são o reflexo da maneira pela qual Zweig tenciona inscrever Freud na história do século XX, a fim de fazer dele um dos maiores pensadores dos tempos modernos.[1]

---

1. O artigo "La nouvelle œuvre de Freud, *Malaise dans la civilisation*", saiu em 30 de março de 1930 no *Berliner Tageblatt* e era inédito em francês antes da presente tradução. *La Guérison par l'esprit* é uma obra consagrada a Mesmer, Mary Baker Eddy e Freud, publicada inicialmente em alemão em 1931 e reeditada numerosas vezes. Traduzida para o francês pela primeira vez na editora Stock em 1934, por Alzir Hella e Juliette Pary, foi reproduzida tal e qual em 1994 e mais tarde em 2003, Le Livre de Poche, col. "Biblio-essais". Somente a parte consagrada a Freud foi retomada na presente edição. "Devant le cercueil de Freud" é o discurso pronunciado por Zweig em 26 de setembro de 1939 no crematório de Golders Green, em Londres. Foi traduzido para o francês pela primeira vez em 1976 (cont.)

Nascido em Viena em 1881, numa família da burguesia judaica liberal, Zweig, contrariamente a Freud, teve uma infância e uma adolescência de bem-estar material e despreocupação. Contudo, era habitado por uma fragilidade psíquica que crescerá ao longo dos anos e o deixará desarmado quando ele precisar enfrentar os desastres de sua época, sobretudo a agonia do mundo europeu, cujos ideais serão varridos pela Grande Guerra. Escritor melancólico, Zweig projetava sobre um universo assombroso de modernidade uma espécie de sobressalto[2] infantil apegado à nostalgia de um passado extinto. Ele não somente venerava Freud, a quem via como o mágico da exploração do inconsciente, como sentia por Viena, sua cidade natal, uma paixão desmesurada. De fato, a Viena imperial era, aos seus olhos, o antídoto absoluto, o remédio radical contra todos os venenos do nacionalismo: "Embora cidade de língua alemã", dizia ele em abril de 1940, "Viena jamais foi uma cidade ou a capital de uma Alemanha nacional. Era a capital de um Império mundial que, para além das fronteiras da Alemanha no Leste e no Oeste, no Sul e no Norte, se estendia até a Bélgica, até Veneza e Florença, englobando a Boêmia, a Hungria e a metade dos Bálcãs [...]. Foi no palácio de Hofburg

---

(cont.) por Alzir Hella e Juliette Pary sob o título "Sur le cercueil de Freud". Reproduzido tal e qual em 1999 e depois em 2013, com tradução de Alzir Hella e Hélène Denis Jeanroy, em *Sigmund Freud. La guérison par l'esprit*, Paris, Le Livre de Poche, p. 143-149.

2. Como sublinha muito bem Jean-Pierre Lefebvre, *in*: Stefan Zweig, *Romans, nouvelles et récits* I, Paris, Gallimard, col. "Bibliothèque de la Pléiade", 2013, p. XIII.

que germinou o velho sonho de uma Europa unida [...]. Todos aqueles imperadores eram cosmopolitas em seus pensamentos, suas palavras, seus projetos."[3]

Freud, é claro, não compartilhava esse entusiasmo pela cidade imperial e sempre que lhe surgia uma oportunidade deixava isso claro, chegando a afirmar que a abominava e até ousando acrescentar que jamais encontrara ali uma ideia nova. Aliás, tal observação prova que, contrariamente a Zweig, ele não tinha o menor interesse por Art Nouveau, não alimentava nenhuma simpatia pelos pintores e artistas da Secessão, tampouco pelo movimento surrealista, preferindo ater-se aos "clássicos": o século XIX, a Grécia antiga, os grandes autores, Goethe, Shakespeare, Cervantes etc. Desse modo, ignorava que ele mesmo era um produto daquele espírito vienense, alvo de sua rejeição, e que, se era tão celebrado pelos "modernos", era porque seu famoso classicismo repousava sobre uma ilusão. De fato, Freud só repensava os clássicos para acrescentar às obras deles interpretações fulgurantes que não tinham absolutamente nada a ver com algum academismo. Portanto, era amado pelo que ele era, muito mais do que por aquilo que acreditava ser. Mas tinha em comum com Zweig o fato de ser um conservador esclarecido, um europeu convicto e um emancipador da condição humana, apegado a um humanismo oriundo do Renascimento.

É em 1920 que se concretiza entre os dois homens uma relação epistolar mais constante, quando Zweig

---

3. Stefan Zweig, "La Vienne d'hier", conferência pronunciada em Paris em abril de 1940, *in*: *Derniers messages*, prefácio de Jacques Le Rider, Paris, Bartillat, 2012, p. 83.

envia a Freud seu ensaio sobre três mestres da literatura: Balzac, Dickens e Dostoiévski. Nesse texto, Zweig mostra que cada um desses três escritores encarna um tipo psicológico diferente. Se Balzac é habitado por um impulso criador que exprime uma vontade de pensar a sociedade em si mesma, e se Dickens põe em relação o talento individual e as tradições de uma época, Dostoiévski se afirma como o narrador por excelência de um destino tenso e de um niilismo exacerbado: entre êxtase e aniquilamento de si. Daí este espantoso retrato: "A terra, a rocha, a floresta, uma paisagem primitiva e trágica, assim nos aparece o rosto de Dostoiévski. Tudo é escuro, próximo do solo, sem beleza, nesta face de camponês, quase de mendigo: inexpressivo, fosco, sem cor, uma parcela da estepe russa projetada sobre pedra. Até os olhos afundados nas órbitas são impotentes para clarear este barro friável, pois sua chama não brota em direção ao exterior, para nos iluminar e nos cegar; eles afundam por assim dizer em direção ao interior, eles queimam o sangue com sua mirada acerada. Assim que se fecham, a morte se abate sobre esse rosto: à tensão nervosa que mantinha imprecisos seus traços, segue-se uma letargia".[4]

Em sua resposta, Freud o felicita pela maneira como ele aproxima dois dos romancistas que fazem parte de seu próprio panteão. Mas, a respeito de

4. O exemplar da biblioteca de Freud no Freud Museum de Londres traz a seguinte dedicatória: "À Monsieur le Professeur Sigmund Freud. Au grand guide de l'inconscient. Avec mon admiration renouvelée. Salzbourg 1920". Tradução francesa, *in*: *Essais*, LGF, col. "Classiques modernes", Paris, 1991.

Dostoiévski, a quem qualifica de "russo complicado", faz questão de comentar que Zweig não deveria ter retomado o diagnóstico de epilepsia. Fortalecido por sua doutrina e por uma notoriedade que já adquiriu, também ele, no mundo inteiro, afirma que o escritor era antes um histérico, o que é discutível. Mas Zweig logo aceita a observação e agradece a Freud por ter-lhe dado toda a sua atenção: "Senti-me ao mesmo tempo cheio de vergonha e de alegria ao ver o quanto o senhor se empenhou em comentar meu estudo [...] Eu pertenço àquela geração de espíritos que não é devedora a quase ninguém tanto quanto ao senhor em matéria de conhecimento, e sinto, com essa geração, que está próxima a hora em que sua exploração da alma, de tão considerável importância, se tornará um bem universal, uma ciência de dimensão europeia".[5]

Quatro anos depois, Zweig vai a Viena a fim de encontrar Freud acompanhado de Romain Rolland, a quem havia dedicado seu livro. Ele sabia que o estudioso devotava grande admiração ao escritor francês. Nessa época, já atacado pelo câncer na mandíbula, Freud tem dificuldades de elocução, o que não os impede de debater novamente sobre Dostoiévski, mas também sobre Flaubert. Freud não esconde sua emoção, afirmando que até o fim da vida se lembraria da alegria que esse intercâmbio lhe proporcionara. Mais uma vez, explica por que Dostoiévski era histérico,

5. Carta de 3 de novembro de 1920, *in*: *Correspondance*, traduzida do alemão por Didier Plassard e Gisella Hauer, prefácio de Rolland Jaccard, Paris, Rivages, col. "Petite Bibliothèque", 1995, p. 29-30.

tal como os grandes criadores e políticos igualmente qualificados de epilépticos: Alexandre e César, especialmente. Os três homens também evocam a situação dramática da Europa.[6]

Freud, é claro, não se limita a essa questão de diagnóstico. Em 1927, após ter reinterpretado numerosas vezes a tragédia de Sófocles para fazer dela um conflito essencial entre os filhos e os pais, acrescentou à sua construção do complexo o drama de Hamlet, príncipe assombrado pelo espectro do pai nas muralhas de Elsenor. Se Édipo encarna o inconsciente disfarçado em destino (o oráculo de Delfos), Hamlet seria, segundo ele, o protótipo da consciência culpada. O primeiro mata Laio no desvio de um caminho sem saber que este é seu pai, e em seguida se casa com Jocasta, que ele ignora ser sua mãe. Hamlet, por sua vez, jamais consegue tomar a mínima decisão contra Cláudio, o assassino e irmão de seu pai que desposou sua mãe. De igual modo, Freud transforma esse príncipe melancólico em um herói histérico.

Mas, se Freud se interessa tanto por Dostoiévski, é porque deseja acrescentar um terceiro personagem à sua concepção da tragédia do homem moderno. Assim, põe em cena a história dos irmãos Karamázov como personagem coletivo ao lado de Édipo e Hamlet: uma trilogia, de certa forma, que remete ao ensaio de Zweig. Freud, ademais, nota que no caso dos irmãos trata-se de algo que se cumpre: não o assassínio do

---

6. Ver Henri Vermorel e Madeleine Vermorel, *Sigmund Freud et Romain Rolland. Correspondance, 1923-1936*, Paris, PUF, 1993, p. 235-245.

pai por um filho ignorante (Édipo), não a morte do tio pelo filho do pai assassinado (Hamlet), mas um verdadeiro parricídio coletivamente realizado pelos filhos do pai.[7]

De fato, cada um dos irmãos deseja matar o pai, mas somente um deles passa à ação: Smerdiákov. Bastardo e epiléptico, apelidado "o malcheiroso", tem por mãe uma criada simplória da qual seu pai abusou. Assim, foi impelido ao assassínio por seu meio-irmão Ivan, cínico teórico niilista do *tudo é permitido*, o qual tramou o roteiro do crime para que seu irmão de sangue, Dimitri, seja o acusado. Porta-voz da lenda do *Grande Inquisidor*, Ivan mergulha na loucura à ideia de ser moralmente responsável pelo assassínio cometido por Smerdiákov, que se suicida. Após ter sido julgado culpado, durante um processo ridículo, Dimitri retorna progressivamente aos valores da "alma russa", graças ao seu meio-irmão Aliócha, o místico de atitude feminina, filho da segunda esposa do pai, a qual este último enlouqueceu. Contra o direito, e mais ainda contra as expertises psicológicas absurdas de um tribunal que pretende dizer a verdade em nome da racionalidade moderna, demonstrando que aquele que desejou o crime é forçosamente o autor deste, o verdadeiro assassino, Smerdiákov, faz-se ele mesmo *redentor*, trazendo em si, como Cristo carrega sua cruz, a verdade de um ato que seus outros irmãos quiseram cometer, sem chegar a isso. Segundo Freud,

7. Sigmund Freud, "Dostoïevski et la mise à mort du père" (1928), *Œuvres complètes*, XVIII: 1926-1930, Paris, PUF, 1994, p. 205-227; Fédor Dostoïevski, *Les Frères Karamazov* (1879-1880), Paris, Gallimard, col. "Folio", 1952.

o principal responsável por essa desordem familiar é o pai, Fiódor Karamázov, descrito por Dostoiévski como um monstro violador e debochado, e sobretudo como o instigador dessa genealogia da loucura criminal que conduz seus filhos à ruína.

O terceiro personagem coletivo da trilogia freudiana do assassínio do pai é evidentemente uma figura da nova teoria da pulsão de morte, elaborada em 1920. Pois trata-se aqui de outra coisa que não o mito trágico do assassínio do pai. Nessa análise freudiana do romance, Smerdiákov e Ivan são culpados porque são assassinos, e não heróis trágicos: o primeiro porque matou, e o segundo porque impeliu o primeiro ao crime. Freud conclui que o inconsciente é, enquanto tal, habitado pela pulsão de morte a ponto de praticar o assassínio por causa de ninharias.

Incontestavelmente, Freud também se inspira no retrato que Zweig faz de Dostoiévski. Descreve-o como um ser dividido entre um sadomasoquismo pulsional e uma elevação rumo à beleza artística. Mas para prestar homenagem ao seu novo amigo, inclui em seu texto um estudo sobre uma novela deste último, *24 horas na vida de uma mulher*, publicada em 1925 e que, aparentemente, nada tem a ver com a história dos irmãos Karamázov. Inspirada num romance epistolar de Constance de Salm, aristocrata do século XIX que mantinha salão, essa novela relata a paixão amorosa de uma velha dama inglesa que confia uma lembrança de juventude ao narrador, enquanto este último tenta compreender a fuga de uma outra mulher hospedada num hotel da Riviera. A dama conta que, vinte e cinco anos antes, tentou inutilmente salvar um jovem pianista da paixão pelo jogo. Rejeitando o amor que ela lhe dedicava, ele havia fugido e ela sofrera durante anos pela relação culpada que tivera com ele. Dez anos mais tarde, ela soube que o pianista se suicidara.

Segundo Freud, o móbil dessa narrativa é o de uma mãe que inicia o filho nas relações sexuais para salvá-lo dos perigos do onanismo, ao mesmo tempo em que ignora ser afetada por uma fixação libidinosa nele. Seja como for, é por essa narrativa embaralhada que Freud presta homenagem a Zweig, leitor de Dostoiévski, introduzindo o lugar da mãe no grande assunto do assassínio do pai. Mas ele acrescenta a isso o tema do jogo que atravessa a vida e a obra de Dostoiévski, autor de um texto célebre sobre a questão que não fazia senão concretizar seu próprio vício na roleta. Desse modo, Freud estabelece um vínculo entre o que Zweig diz em sua novela sobre a paixão pelo jogo e o retrato que ele faz de Dostoiévski, como se *24 horas na vida de uma mulher*[8] viesse esclarecer, aos seus olhos, a natureza sexual da neurose infantil do escritor russo. Hipótese tanto mais interessante quanto a temática do jogo sempre foi central na vida de Zweig. Entre setembro de 1941 e fevereiro de 1942, este redigirá uma novela sobre o jogo de xadrez na qual se encontrarão mescladas a história da destruição da Áustria, assim como uma referência última a

8. Paris, Gallimard, col. "Bibliothèque de la Pléiade", I, p. 825-885; ver também *Vingt-quatre heures de la vie d'une femme*, prefácio de Yannick Ripa, Paris, Payot, col. "Petite Bibliothèque Payot", 2013. [Ed. bras.: *24 horas na vida de uma mulher*. Porto Alegre: L&PM, 2009.]

Dostoiévski.[9] Zweig, o narrador, põe em cena num navio de partida para a América do Sul o confronto entre dois jogadores de xadrez: de um lado, Czentovic, o campeão do momento, modesto camponês que se tornou um temível tático, e do outro um brilhante advogado austríaco, Sr. B., ex-prisioneiro dos nazistas, que conseguira resistir aos interrogatórios da Gestapo jogando partidas virtuais consigo mesmo, após ter decorado a técnica do jogo em um manual furtado na prisão. Libertado, mas ameaçado de loucura pela lógica do xadrez, ele renunciou ao jogo, mas aceita um último confronto, ao menos para salvar as aparências. No final, o campeão reconhece suas qualidades. Cidadãos da jovem República Austríaca que acaba de ser anexada ao Reich, os três protagonistas estão, portanto, embarcados numa mesma aventura que os conduzirá a um exílio permanente.

Encantado por ver sua novela comentada por Freud num texto consagrado ao parricídio e diretamente inspirado por seu trabalho sobre Dostoiévski, Zweig então imagina redigir um grande retrato de seu amigo e incluí-lo num conjunto mais vasto, intitulado *A cura pelo espírito.* A primeira parte seria consagrada a Franz Anton Mesmer, ilustre médico austríaco do fim do século XVIII, inventor dos tratamentos magnéticos; a segunda, a Mary Baker Eddy, mística iluminada, fundadora da *Christian Science*; e

9. *Nouvelle du jeu d'échec*, Paris, Gallimard, col. "Bibliothèque de la Pléiade", II, 2013, p. 1435-1486; ver também *Le Joueur d'échecs*, prefácio de Carine Trevisan, Paris, Payot, col. "Petite Bibliothèque Payot", 2013.

a terceira, a mais importante, a Freud e à invenção da psicanálise. Favorável a esse empreendimento, mas receoso quanto à ideia em si de uma biografia, Freud deixa clara sua posição, abrindo a Zweig os arquivos da Sociedade Psicanalítica de Viena: "Eu queria somente dizer uma palavra em favor dos ambientes oficiais vienenses, a qual se opõe à analogia com Mesmer. Eles simplesmente não se ocuparam de mim, e isso estava correto. O que eu teria feito de uma cátedra de psiquiatria, e mesmo de psicanálise? Ela teria sido apenas inoportuna ou inútil. Aqueles que se conduziram mal são meus pretensos alunos renegados, como Jung, Adler e Stekel. 'Humanamente vulgares', como diz Heine".[10] Evidentemente, a essa altura, Freud não se distanciou nem um pouco de sua própria história, e continua apoquentando seus antigos discípulos, embora a ruptura tenha ocorrido mais de vinte anos antes, havendo cada protagonista tomado um rumo diverso. Freud, portanto, continua temendo que se possa fazer dele um personagem histórico diferente do que ele pensa ser.

Aliás, ele fora escaldado pela publicação, em 1924, da obra de seu antigo discípulo Fritz Wittels, a quem fez questão de corrigir ponto por ponto. Membro do primeiro círculo vienense, antifeminista e misógino notório, inimigo de Karl Kraus, Wittels se entregara nesse texto, traduzido para vários idiomas, a uma crítica bastante feroz – mas não desprovida de verdade – das relações de Freud com seus primeiros

10. Carta de Freud a Zweig, 7 de dezembro de 1929, *in*: *Correspondance*, *op. cit.*, p. 65.

discípulos.[11] O retrato era acerbo e Freud sabia que esse livro teria grande repercussão, na medida em que Wittels afirmava que o mestre não era o proprietário de sua doutrina: "Estive muito próximo do grande homem", dizia ele, "para justificar a ousadia do trabalho que empreendo aqui. Jamais cessei de me ocupar da psicanálise, a qual, enquanto método científico, é independente da pessoa de seu autor. Pela distância mesma em que me mantenho, eu evito a sombra provocada por uma personalidade poderosa, e em vez de ser um daqueles aprovadores hipnotizados, dos quais Freud já dispõe em demasia, sou uma testemunha crítica."[12]

O projeto de Zweig era o oposto desse tipo de abordagem. Preocupado, ao contrário, em pôr sua celebridade a serviço da de Freud, o escritor situava seu herói no centro de um tríptico, tornando-o, de um lado, o herdeiro do Iluminismo (Mesmer), e de outro o adversário de toda forma de pensamento mágico ligado à religião (Baker Eddy). A seu ver, contudo, Mesmer, Baker Eddy e Freud tinham em comum o fato de haverem realizado "curas" pelo espírito: o primeiro pela sugestão, a segunda pelo êxtase e pela fé, o terceiro pelo conhecimento de si. Os três, dizia Zweig, haviam desenvolvido sua arte num mundo onde as doenças já não eram vistas como uma maldição enviada ao homem por deuses aos quais seria preciso oferecer sacrifícios para acalmar-lhes a cólera. Portanto, as causas

11. Fritz Wittels, *Freud, L'homme, la doctrine, l'école* (1924), *in*: Edward Timms (ed.), *Freud et la femme enfant*, Paris, PUF, 1999. Esse ensaio é considerado como o primeiro testemunho na gênese da historiografia freudiana.

12. *Ibid.*, p. 189.

da doença deviam ser procuradas no próprio homem e em seu ambiente: "A medicina já não exige de seus discípulos, como fazia outrora, uma predestinação sacerdotal, nem dons de visionário que lhes permitam comunicar-se com as forças universais da natureza; a vocação se tornou ofício; a magia, sistema; o mistério da cura, conhecimento dos órgãos e ciência médica".[13]

Digamos sem rodeios: esse livro é uma pequena obra-prima. Antes mesmo dos trabalhos dos anos 1970 sobre a história da psiquiatria dinâmica,[14] Zweig traça um espantoso retrato de Mesmer, que deu um conteúdo racional à teoria dos fluidos. De fato, ele estabelecia um parentesco entre o fluido e o "ímã" do qual médicos já se serviam para extirpar do corpo (por imantação) o mal psíquico de que sofriam certos pacientes: em geral, mulheres. A virtude curativa provinha, segundo ele, do terapeuta portador de um fluido magnético geralmente emanado do brilho dos olhos. Para restabelecer o equilíbrio fluídico, Mesmer colocava os doentes em estado de sonambulismo, provocando reações convulsivas por uma série de passes ditos "magnéticos". Era, portanto, por meio dessa teoria fluídica que ele combatia, em nome do Iluminismo, o poder da Igreja e dos exorcistas, que encaravam o mal psíquico – especialmente a histeria – como uma possessão demoníaca.

Às vésperas da Revolução, instalado em Paris, Mesmer se tornou uma espécie de mago. Formou dis-

13. Stefan Zweig, *La Guérison par l'esprit*, *op. cit.*, p. 11.

14. Henri F. Ellenberger, *Histoire de la découverte de l'inconscient* (1970), traduzido do inglês por J. Festhauer, prefácio de Élisabeth Roudinesco, Paris, Fayard, 1994.

cípulos e fundou a Sociedade da Harmonia Universal, destinada a criar vínculos entre os homens pela força de um fluido. Graças à sua famosa "tina" onde eram depositadas hastes metálicas, tratava coletivamente de numerosos doentes, ligados entre si por uma corda, e que se acotovelavam em sua suntuosa residência do boulevard Beaumarchais. Em 1784, uma comissão de especialistas da Academia das Ciências e da Sociedade Régia de Medicina condenou o mesmerismo e, a justo título, a teoria dos fluidos. Mas declarou também que os efeitos terapêuticos obtidos por Mesmer eram consequência do poder da imaginação humana e, portanto, da sugestão. Longe de prejudicar o desenvolvimento do mesmerismo, esse julgamento o reforçou, tanto mais quanto, no mesmo ano, o marquês Armand de Puységur, mesmeriano convicto, demonstrava, em seu vilarejo de Buzancy, a natureza psicológica e não fluídica da relação terapêutica, substituindo o tratamento magnético por um estado de "sono desperto" ou de "sonambulismo". Livre da falsa teoria dos fluidos, o mesmerismo deu então origem ao hipnotismo, depois à sugestão – matrizes das psicoterapias –, e finalmente à teoria freudiana da transferência.

Contudo, para melhor estabelecer um vínculo de continuidade histórica entre Mesmer e Freud, Zweig também mostrava que o mesmerismo alimentara o espiritismo, os movimentos místicos e o obscurantismo, e que, portanto, jamais existe, na história das ciências e da medicina, progresso linear, nem via privilegiada através da qual o Iluminismo evoluiria de maneira unívoca. Em outras palavras, ele defendia a ideia de que só conhecemos o Iluminismo se aceitarmos imergir nas trevas da desrazão, tese eminentemente freudiana: "Todas as ciências ocultas, todas as experiências telepáticas e telecinéticas, os videntes, os visionários provêm em linha reta do laboratório magnético de Mesmer. Uma ciência nova nasceu da tão difamada convicção desse homem no sentido de que a ação sugestiva possibilita o desenvolvimento das forças psíquicas do indivíduo em proporções que não podem ser atingidas pelo tratamento médico clássico – desse homem hoje em dia esquecido, cujo pressentimento foi correto e cujo esforço foi leal, e que só errou na interpretação que deu aos resultados tão importantes de sua atividade".[15]

Portanto, foi para mostrar o quanto Freud, herdeiro de Mesmer, era o grande vencedor de um combate contra o obscurantismo que Zweig relatou a formidável epopeia da seita da *Christian Science*, fundada por Mary Eddy Baker, mística americana nascida em 1821 na Nova Inglaterra, num ambiente calvinista. Adepta da homeopatia, convencida de que as doenças não existiam, assim como tampouco a morte, visto que a fé em Deus permitia eliminá-las, ela fez uma carreira fulgurante e foi inscrita no National Women's Hall of Fame entre as mulheres mais ilustres no domínio das ciências sociais e das humanidades, ao lado de Edith Wharton e Ella Fitzgerald. Zweig se perguntava como um tal charlatanismo pudera ter um impacto tão considerável no mundo inteiro, a ponto de se tornar a doutrina principal de todos os opositores da medicina científica: "Aos 85 anos, Marie Baker Eddy se encontra no pináculo de sua força. Tem um templo gigante

15. Stefan Zweig, *La Guérison par l'esprit*, *op. cit.*, p. 122.

em Nova York, uma dúzia de igrejas e universidades nos Estados Unidos, um templo na Europa, no seio de Londres e, além disso, no momento, uma basílica de dois milhões de dólares em Boston".[16] Por ocasião de sua morte, com a idade de 90 anos, seus adeptos anunciaram que ela havia "deixado nosso campo de visão" e que, tal como Cristo, voltaria para junto dos seus após uma grandiosa ressurreição.

O capítulo consagrado a Freud – apresentado aqui – está redigido no estilo daquelas vidas de homens ilustres, caras a Plutarco. Só que Zweig utiliza as outras duas vidas – as de Mesmer e de Baker Eddy – para demonstrar em cinco partes como Freud foi capaz de superar todas as adversidades a fim de inventar uma doutrina que estivesse a meio caminho entre a ciência médica mais avançada e a compreensão mais racional das obscuridades do psiquismo humano. Se o retrato é apologético, nem por isso deixa de ser lírico e realista, sobretudo marcado pela leitura de *O mal-estar na civilização*,[17] obra publicada em 1930 e à qual Zweig dá um alcance considerável, como demonstra o artigo do *Berliner Tageblatt* que poderá ser lido aqui.

De fato, nesse livro, escrito após a crise econômica de 1929, Freud lançava um apelo em favor

16. *Ibid.*, p. 253. Em nossos dias, a *Christian Science* continua ativa. Mas seus adeptos se arranjam para não serem perseguidos por exercício ilegal da medicina. Eles pregam terapias psíquicas baseadas na oração.

17. Sigmund Freud, *Malaise dans la civilisation*, *in*: *Écrits Philosophiques et littéraires*, prefácio de Élisabeth Roudinesco, posfácio de Jean-Pierre Lefebvre, Paris, Seuil, col. "Opus", 2015, p. 1463-1539.

da felicidade dos povos, dedicando-se à defesa das realizações técnicas e científicas do século XX: os transportes marítimos e aéreos, o microscópio, o telefone. Mas também sublinhava que as principais fontes da infelicidade subjetiva contemporânea residiam numa ausência de ideal ligada ao enfraquecimento da religião e que conduzia cada um a inventar para si mesmo novas ilusões: a neurose (angústia), a intoxicação (drogas), a psicose (loucura, narcisismo). Porém, logo acrescentava que o acesso à civilização (à cultura) permitia ao ser humano, no mundo em crise dos anos 1930, dominar suas pulsões assassinas. Segundo ele, a única via de acesso à sabedoria, isto é, à mais alta das liberdades, consistia então num investimento da libido nas formas mais elevadas da criatividade: o amor, a arte, a ciência, o saber, a sociabilidade.

Era, portanto, nessa proposição que Zweig se inspirava para descrever a sabedoria freudiana. A psicanálise, dizia ele em substância, não recorre nem às ilusões, nem aos êxtases, nem ao ópio. Ela engendra um certo ceticismo em seu olhar sobre o mundo: algo de crepuscular que se assemelha ao corpo frágil de Freud atacado pela doença, mas sempre desperto: "Como Moisés sobre sua montanha, Freud ainda vê, no ocaso de sua vida, uma infinidade de terras férteis que esperam ser lavradas".

Ao ler esse livro, Freud aceitou perfeitamente ser o herdeiro de Mesmer, mas observou que Zweig sem dúvida não levara em conta o aspecto patológico de Mary Baker Eddy, e se aproveitou disso para se entregar à sua paixão: o antiamericanismo primário. Tratando-se dele, recusava-se a ser assimilado a um pequeno-burguês: "O rapagão, afinal, é um pouco mais complicado".[18] No conjunto, porém, sentia-se gratificado por esse reconhecimento vindo de um escritor tão célebre quanto talentoso.

Durante vários anos ainda, à medida que o mundo no qual eles tinham vivido desaparecia, engolido pelo nazismo, os dois homens trocaram cartas calorosas. Zweig não parava de viajar e de escrever, enquanto Freud assistia à longa degradação de seu rosto corroído pelo carcinoma. No auge de sua glória, Zweig, sempre melancólico, fazia conferências para um público cada vez mais numeroso. Em 1936, ele se instalou oficialmente, com sua segunda esposa, em Londres, de onde se dirigiu em seguida à América do Sul: primeiro para Buenos Aires, depois para Petrópolis, no Brasil. No ano seguinte, passou uma temporada em Nápoles, voltou pela última vez a Viena e ainda a Salzburgo, antes de viver em Paris em janeiro de 1938. Foi em Londres que ele soube que os nazistas haviam anexado a Áustria. Seus livros, tal como os de Freud, foram lançados às chamas. Em maio, Freud, por sua vez, deixava Viena por Londres, enquanto, dois meses mais tarde, Zweig fazia uma turnê de conferências em cerca de trinta cidades americanas: "Foi um dia de felicidade em minha vida, quando li no jornal que ele [Freud] havia desembarcado na ilha e vejo retornar do inferno o mais venerado dos meus amigos, que eu já acreditava perdido".[19]

---

18. Carta de 17 de fevereiro de 1931, *in*: *Correspondance*, *op. cit.*, p. 75.

19. *Le Monde d'hier*, *in*: Stefan Zweig, *Romans, nouvelles et récits* II, Paris, Gallimard, col. "Bibliothèque de la Pléiade", 2013, p. 1232.

Em julho de 1938, Zweig escreveu a Freud para perguntar se ele aceitaria receber a visita de um jovem pintor surrealista, Salvador Dalí, que lhe dedicava grande admiração. Durante o encontro, o pintor realizou, segundo o princípio surrealista da voluta do caracol, dois croquis da cabeça de Freud, mas este último parecia indiferente. Explicou ao pintor que se interessava somente pela pintura clássica a fim de descobrir nela a presença do inconsciente, ao passo que, na arte surrealista, preferia observar a expressão da consciência. Zweig não teve coragem de mostrar a Freud os desenhos de Dalí, pois a morte estava presente neles. Durante várias horas, os dois homens falaram da guerra. Freud estava abalado pela bestialidade do tempo presente, mas essa realidade confirmava sua tese sobre a pulsão destrutiva presente no coração da humanidade. Parecia lamentar haver publicado seu livro sobre Moisés, no qual arrancava dos judeus o principal profeta deles, tornando-o um egípcio:[20] "Tiraram-lhes tudo, e agora eu lhes tiro o melhor dentre eles". Foi a última conversa dos dois.

Em agosto de 1939, o estado de saúde de Freud se agravara. De volta a Londres, Zweig lhe enviou uma última carta: "Precisamos nos manter firmes agora – seria absurdo morrer sem antes ter visto a descida dos criminosos ao inferno".[21] Doze dias mais tarde, Freud se extinguia, enquanto a Europa entrava novamente

---

20. Sigmund Freud, *L'Homme Moïse et la religion monothéiste*, *in*: *Écrits philosophiques et littéraires*, *op. cit.*, p. 1539-1664.

21. Carta de 14 de setembro de 1939, *in*: *Correspondance*, *op.cit.*, p.141.

nas trevas da desrazão guerreira. Diante de seu ataúde, no crematório de Golders Green, Zweig pronunciou em alemão a esplêndida oração fúnebre que será lida aqui: "Obrigado pelos mundos que exploraste para nós e que agora percorremos sem guia, sempre fiéis a ti, pensando sempre em ti com respeito, oh, tu, o amigo mais precioso, tu, mestre muito amado, Sigmund Freud". Cada vez mais desesperado pelo aniquilamento daquele mundo europeu que ele tanto amava e que pela segunda vez se desfazia à sua vista, Zweig decidiu deixá-lo definitivamente. Ele se suicidará com sua esposa, em Petrópolis, em 23 de fevereiro de 1942, sem saber que um mês antes havia sido elaborado, em Wannsee, o protocolo da "solução final".

Freud e Zweig eram ambos, como numerosos intelectuais judeus vienenses do início do século XX, pensadores que encarnavam aquela crise da modernidade da Belle Époque tão bem descrita por Jacques Le Rider.[22] O primeiro refletira por toda a vida sobre a desconstrução da família ocidental e a dissolução das fronteiras entre o masculino e o feminino, sem jamais temer o desaparecimento deles. Um e outro se haviam confrontado, diante do antissemitismo, com a busca de uma terra prometida suscetível de reinventar uma subjetividade universal sem fronteiras nem guetos. Rejeitando o sionismo, Freud a encontrara na exploração de um inconsciente que escapava aos critérios nacionalistas da psicologia dos povos. Quanto a Zweig, este escolhera o cosmopolitismo, viagem infinita pela arte e pela civilização, única maneira, a seu ver, de não

22. Jacques Le Rider, *Modernité viennoise et crises de l'identité* (1990). Paris, PUF, 1994.

mais ser judeu permanecendo como tal. Um e outro se recusavam a ser circunscritos a uma identidade, a um fechamento em si mesmos ou a um território. Nesse sentido, aquele mundo vienense que foi o laboratório de todas as ideias novas da Europa do século XX – feminismo, socialismo, psicanálise, aspiração à arte e à civilização – permanece como um dos maiores modelos de emancipação com o qual se pode sonhar num momento em que todas as barbáries vividas por esses dois homens parecem estar de volta ao âmago da época atormentada que é a nossa.

SIGMUND FREUD

Se o jogo secreto da força dos desejos se oculta quando se trata da luz mais mortiça dos afetos comuns, ele se torna tanto mais evidente, mais colossal e mais ruidoso no estado de paixão violenta: o investigador mais sutil do ser humano, que sabe o quanto no fundo se pode contar com a mecânica do livre-arbítrio comum e até onde é permitido inferir analogicamente, transporá muitas experiências deste campo para a sua doutrina da alma e as elaborará para a vida moral [...] Caso um dia, como para os demais reinos da natureza, surgisse um Lineu que classificasse conforme os impulsos e as inclinações, o quanto não pasmaríamos [...]

Schiller[1]

1. *Der Verbrecher aus verlorener Ehre. Eine wahre Geschichte* [O criminoso por perda da honra: uma história verdadeira], conto de 1786. (N.T.)

Situação na virada do século

Quanta verdade *suporta*, quanto verdade *ousa* um espírito? Isto tornou-se para mim, cada vez mais, o genuíno critério de valor. O erro – a crença no ideal – não é cegueira, o erro é *covardia*... Cada conquista, cada passo adiante no conhecimento *resulta* da coragem, da dureza para consigo, do asseio para consigo.

Nietzsche[1]

A medida mais segura de qualquer força é a resistência que ela supera. Assim, o feito demolidor e reconstrutor de Sigmund Freud só se torna plenamente reconhecível em sua contraposição à situação anímica da concepção do pré-guerra – ou, antes, não concepção – acerca do mundo impulsional humano. Hoje circulam há muito pensamentos freudianos – vinte anos atrás ainda blasfêmia e heresia – completamente diluídos no sangue do tempo e da língua; as fórmulas por ele cunhadas parecem evidentes em tal medida que, na verdade, se requer maior esforço para voltar a pensar sem elas do que para pensar com elas. Assim, precisamente pelo fato de o nosso século XX não ser mais capaz de compreender por que o XIX se defendia tão tenazmente contra a descoberta, há muito necessária, das forças impulsoras anímicas, cabe

1. *Ecce homo: como uma pessoa se torna o que é*, Prólogo, § 3. (N.T.)

iluminar de maneira retrospectiva a atitude daquela geração em assuntos psicológicos e tirar mais uma vez de seu sarcófago a múmia ridícula da moralidade do pré-guerra.

Com o desprezo por essa moral – nossa juventude padeceu de modo demasiado intenso por causa dela para que não a odiássemos com fervor! – não se pretende, no fundo, dizer nada contra o conceito de moral e sua necessidade. Toda comunidade humana, quer seja ligada pela religião ou pelo povo, vê-se obrigada, no interesse de sua autoafirmação, a conter as tendências agressivas, sexuais e anárquicas do indivíduo, a represá-las e transportá-las até atrás daqueles diques que chamamos de moral e regra. Também é óbvio que cada um desses grupos cria normas e formas particulares de moral: desde a horda primordial até o século elétrico, cada comunidade se esforçou com métodos diferentes na contenção dos instintos primordiais. Civilizações duras exerceram dura violência: as épocas lacedemônias, arquijudaica, calvinista e puritana buscam extirpar com o ferro em brasa a pânica vontade de prazer da humanidade. Porém, cruéis em seus mandamentos e impedimentos, tais circunstâncias draconianas ainda assim serviam à lógica de uma ideia. E toda ideia, toda crença santifica até um certo grau a violência empregada em seu favor. Se a civilização espartana exige disciplina até um nível desumano, isso ocorre no sentido do cultivo da raça, de uma estirpe viril, aguerrida: para seu ideal de pólis, de comunidade, a sensualidade a vagar livremente tinha de ser julgada como um roubo de força cometido contra o Estado. O cristianismo, por sua vez, combate a inclinação carnal do ser humano no interesse da salvação da alma, da espiritualização da natureza sempre a extraviar-se. Justamente porque a Igreja, sapientíssima psicóloga, conhece a paixão de sangue do ser humano eternamente adâmico é que ela lhe contrapõe com violência sua paixão pelo espírito como ideal; em fogueiras e calabouços, ela destrói a altivez da obstinação a fim de auxiliar a alma a retornar à sua pátria superior – dura lógica esta, mas, ainda assim, lógica. Aqui e por toda parte, a aplicação da lei moral ainda brota do tronco de uma visão de mundo consolidada. A moralidade aparece como a forma sensível de uma ideia suprassensível.

Mas em nome do que, a serviço de que ideia o século XIX, há muito apenas pseudopiedoso, ainda exige uma moralidade codificada? Ele próprio desfrutador, grosseiramente material e faturador de dinheiro, sem uma sombra da grande fé inteiriça de piedosos séculos anteriores, advogado da democracia e dos direitos humanos, ele não pode mais de forma alguma pretender proibir a sério a seus cidadãos o direito ao livre gozo. Quem uma vez içou a tolerância como bandeira no pináculo da cultura, não possui mais o direito senhoril de intrometer-se na concepção de moral do indivíduo. Na realidade, o Estado moderno não se empenha mais de forma alguma junto a seus súditos em prol de uma honesta moralização interior como outrora fazia a Igreja; apenas a lei da sociedade requer a conservação de uma convenção exterior. Não se exige, pois, um moralismo real, um ser moral, mas apenas um portar-se moralmente, um agir de todos ante todos "como se".[2] Em que medida, então, o indivíduo age de modo realmente moral, passa a ser assunto privado seu: ele só não pode se deixar apanhar numa violação do decoro. Pode acontecer toda sorte de coisas, e mesmo muitíssimo, mas não se deve falar a respeito. Em sentido estrito, pode-se, portanto, dizer: a moralidade do século XIX de modo algum aborda o verdadeiro problema. Esquiva-se dele e limita todo o seu gasto de energia a esse fazer vista grossa. Esse disparatado silogismo irracional – se ocultarmos algo, então isso não mais existe – foi a única coisa com que a moral da civilização defrontou por três ou quatro gerações todos os problemas morais e sexuais, ou antes, fugiu deles. E o colérico gracejo ilumina do modo mais vívido a situação efetiva: não teria sido Kant quem regeu moralmente o século XIX, e sim a *cant*.[3]

Mas como é que uma época tão perspicaz e racional pôde se extraviar numa psicologia de tal modo inverídica e insustentável? Como é que um século de grandes descobertas, de aperfeiçoamentos técnicos pôde rebaixar sua moral à categoria de um truque de prestidigitador de tal maneira transparente? A resposta é simples: precisamente por causa desse orgulho de sua razão. Precisamente por causa da altivez de sua cultura, por causa desse otimismo exagerado a

2. Alusão à obra *Die Philosophie des Als Ob* [A filosofia do como se], de Hans Vaihinger, estudioso de Kant; ver as observações de Freud sobre a filosofia do "como se" em *O futuro de uma ilusão*, cap. V. (N.T.)

3. Em inglês, "hipocrisia". O trocadilho remonta a Nietzsche; ver *Além do bem e do mal*, § 228, e *O crepúsculo dos ídolos*, "Incursões de um extemporâneo", § 1 e 12. (N.T.)

respeito da civilização. Graças aos nunca imaginados progressos de sua ciência, o século XIX havia mergulhado numa espécie de embriaguez da razão. Afinal, tudo parecia submeter-se escravamente ao império do intelecto. Cada dia, cada hora do mundo anunciava novas vitórias das ciências do espírito; sempre mais elementos recalcitrantes do espaço terreno e do tempo eram domados, alturas e profundidades revelavam seu segredo à curiosidade planificada do olhar humano equipado, por toda parte a anarquia cedeu à organização, o caos, à vontade do espírito calculador. Não seria aí a razão terrena realmente capaz de tornar-se senhora dos instintos anárquicos no próprio sangue, de derrotar sem muitas ponderações a turba indisciplinada dos impulsos? O trabalho principal nesse sentido teria sido realizado há muito, afinal, e o que vez por outra ainda ardia no sangue do homem moderno, "cultivado", nada mais seriam senão mortiços e débeis relâmpagos de uma tempestade a se afastar, espasmos moribundos da velha bestialidade animal, já em extinção. Mas apenas mais alguns anos, algumas décadas, e uma humanidade que se alçara tão magnificamente do canibalismo ao humanitarismo e ao sentimento social também iria purificar e consumir em seu fogo ético essas últimas escórias sombrias: por isso não seria absolutamente necessário sequer mencionar sua existência. É só não chamar a atenção dos seres humanos para o sexual e eles irão esquecer. É só não incitar com discursos a antiquíssima besta, encarcerada por trás das barras de ferro da moral, não alimentá-la com perguntas e ela já se tornará mansa. É só passar depressa, em toda parte afastando o olhar, por tudo o que é desagradável, sempre agir como se nada existisse: eis a inteira lei da moralidade do século XIX.

Para essa campanha concêntrica contra a franqueza, o Estado arma uniformemente todas as potências dele dependentes. Todas elas, a arte e a ciência, a moral, a família, a Igreja, a escola e a universidade recebem a mesma instrução de guerra: esquivar-se a todo conflito, não atacar o adversário, mas desviar-se dele fazendo um amplo arco, nunca se envolver numa discussão real. Nunca lutar usando argumentos, apenas o silêncio, sempre e tão somente boicotar e ignorar. E, extraordinariamente obedientes a essa tática, todas as potências intelectuais e todos os servos da cultura esquivaram-se, valentes, hipocritamente ao problema. Durante um século, a questão sexual é colocada em quarentena na Europa. Não é negada nem afirmada, não é levantada nem resolvida, mas, em completo silêncio, empurrada para trás de um biombo. Um formidável exército de vigias, uniformizados como professores, educadores, pastores, censores e governantas, é destacado para levantar uma cerca entre uma juventude e sua naturalidade e alegria com o corpo. Nenhuma livre corrente de ar pode tocar seus corpos, nenhuma fala e nenhum esclarecimento francos podem tocar suas almas castas. E, ao passo que outrora e por toda parte, em todo povo saudável, em toda época normal, o garoto que se tornara púbere entra na vida adulta como numa festa, ao passo que nas culturas grega, romana, judaica e inclusive em todas as inculturas o jovem de treze, catorze anos é honestamente acolhido na comunidade dos iniciados, homem entre homens, guerreiro entre guerreiros, no caso aqui em questão uma pedagogia arruinada por Deus o exclui artificial e antinaturalmente de toda franqueza. Ninguém declara nada livremente diante dele para assim declará-lo livre. O que ele sabe, só pode ser conhecido em vielas de putas ou pelos cochichos de camaradas mais velhos. E como cada um, por sua vez, só ousa passar adiante aos cochichos essa ciência das naturalíssimas naturalidades, cada novo adolescente serve inconscientemente à hipocrisia cultural como novo ajudante.

A consequência desse ocultar-se e desse não expressar-se de todos ante todos, continuados com tenacidade ao longo de cem anos: um inaudito baixo nível da psicologia em meio a uma cultura intelectualmente eminente. Pois como poderia desenvolver-se uma profunda compreensão da alma sem franqueza e honestidade, como poderia difundir-se a clareza se justamente aqueles que são chamados a transmitir o saber – os professores, os pastores, os artistas e os eruditos – são eles próprios hipócritas culturais ou pessoas desprovidas de instrução? Mas a ignorância sempre gera brutalidade. Assim, uma geração de pedagogos, impiedosa pelo fato de ser ignorante, é enviada contra a juventude, causando danos irreparáveis nas almas infantis devido à eterna imposição de ordens que exigem ser "moral" e "dominar-se". Rapazes na adolescência que, sob a pressão da puberdade, sem conhecerem a mulher, buscam o único alívio possível para seu corpo, são feridos por esses mentores "esclarecidos", com risco psíquico, mediante a sábia advertência de que praticam um terrível "vício" arruinador da saúde e assim impelidos com violência a um sentimento de inferioridade, a uma consciência mística de culpa. Estudantes universitários (eu mesmo ainda vivenciei isso) recebem desse tipo de professores, que na época as pessoas gostavam de chamar pelo termo indigesto de "pedagogos experimentados", folhetos de instruções que lhes informam que todo adoecimento sexual, sem exceção, é "incurável". Com tais canhões, a fúria moral de então abre fogo brutalmente contra os nervos. Com tais botas de camponês revestidas de ferro a ética pedagógica sapateia pelo mundo dos adolescentes. Não admira que um revólver dispare a cada instante graças a esse fomento planejado do medo em almas ainda inseguras, não admira que o equilíbrio interior de incontáveis pessoas fique abalado graças a essas violentas repressões e que seja produzido em série aquele tipo de neurastênicos que carregam consigo por uma vida inteira seus medos meninis sob a forma de inibições represadas. Sem receber de ninguém conselho, milhares desses mutilados pela moral da dissimulação vagam de médico em médico. Mas como na época os especialistas da medicina não sabem escavar essas doenças até a raiz, a saber, na esfera sexual, e a psicologia da época pré-freudiana jamais se atreve, em razão dos bons modos éticos, nesses territórios silenciados por estarem submetidos a uma imposição de silêncio, os neurologistas também se encontram completamente atônitos diante de tais casos limítrofes. Por embaraço, enviam todos os transtornados da alma, por ainda não estarem maduros para a clínica ou para o hospício, a estabelecimentos hidroterápicos. Eles são alimentados com bromo e sua pele é penteada com vibrações elétricas, mas ninguém se atreve a abordar as reais causalidades.

A incompreensão persegue de forma ainda pior aqueles dotados de disposição anormal. Estigmatizados pela ciência como eticamente inferiores, como acometidos por uma tara hereditária, e pela lei do Estado como criminosos, eles arrastam consigo seu segredo mortífero por uma vida inteira como jugo invisível, atrás de si os chantagistas, à frente de si a prisão. Com ninguém podem encontrar conselho, com ninguém podem encontrar ajuda. Pois se na época pré-freudiana uma pessoa de disposição homossexual recorresse ao médico, o senhor conselheiro de medicina[4] franziria a testa com indignação pelo fato de o paciente ousar importuná-lo com semelhantes "porquices". Questões privadíssimas desse gênero não tinham lugar no consultório. Mas qual é o seu lugar? Qual é o lugar da pessoa perturbada ou desviante em sua vida emocional, que porta se abre a esses milhões para aconselhamento, para libertação? As universidades se esquivam, os juízes se aferram aos artigos da lei, os filósofos (com exceção do único e valente Schopenhauer) preferem absolutamente não perceber em seu cosmos essas formas desviantes do *eros*, inteiramente naturais para todos os mundos culturais antigos, a esfera pública fecha obstinadamente os olhos e declara não passível de discussão tudo o que for penoso. Nenhuma palavra a respeito no jornal, na literatura, nenhuma discussão no âmbito da ciência: a polícia está informada, isso basta. Que então centenas

4. *Medizinalrat*, título honorífico outorgado a médicos do serviço público de saúde. (N.T.)

de milhares de encarcerados raivem na refinada cela de borracha[5] dessa mania de segredos, eis algo tão conhecido quanto indiferente ao século hipermoral e tolerante – importa apenas que nenhum grito escape, que aquela auréola autofabricada da cultura, do mais moral dos mundos, permaneça preservada ante o mundo. Pois, para aquela época, a aparência moral é mais importante do que a essência humana.

Por um século inteiro, um século pavorosamente longo, essa covarde conspiração do silêncio "moral" domina a Europa. Quando, de súbito, uma voz isolada o quebra. Sem qualquer propósito subversivo, ergue-se um dia um jovem médico no círculo de seus colegas e, partindo de suas investigações sobre a natureza da histeria, fala dos distúrbios e bloqueios do mundo dos impulsos e de sua possível liberação. Ele não faz uso de grandes gestos patéticos, não anuncia, exasperado, que está na hora de colocar a concepção de moral sobre um novo fundamento, de discutir a questão sexual francamente – não, esse jovem médico, rigorosamente objetivo, não faz de modo algum o papel de pregador cultural nos círculos acadêmicos. Ele tão somente pronuncia uma conferência diagnóstica sobre as psicoses e suas causalidades. Mas precisamente a naturalidade imparcial com que ele constata que muitas neuroses, na verdade todas, têm seu ponto de partida em repressões do desejo sexual, suscita um horror sem fim no círculo dos colegas. Não que considerassem falsa essa etiologia – pelo contrário, a maioria deles já suspeitou ou vivenciou coisas do gênero com frequência, todos,

5. Cela revestida com borracha, outrora destinada nos hospícios aos loucos furiosos. (N.T.)

no âmbito mais privado, estão perfeitamente cientes da importância do sexo para a constituição geral. Mas, como coparticipantes da sensibilidade de seu tempo, como servos da moral da civilização, de imediato sentem-se de tal maneira ofendidos por essa referência franca a um fato claro como água que é como se essa indicação diagnóstica já fosse ela mesma um gesto indecente. Constrangidos, olham um para o outro – será que esse jovem docente não sabe do acordo não escrito de que não se fala sobre tais coisas espinhosas, menos ainda numa sessão pública da distinta "associação dos médicos"? Acerca do capítulo dos assuntos sexuais – o novato deveria conhecer e respeitar essa convenção – a gente se entende entre colegas com piscadelas, a gente faz piadas a respeito na mesa do carteado, mas não apresenta tais teses no século XIX, num século tão cultivado, diante de um fórum acadêmico. Já a primeira aparição pública de Sigmund Freud – a cena realmente aconteceu – tem no círculo de seus colegas de faculdade o efeito de um tiro de pistola na igreja. E os bem-intencionados entre os colegas logo lhe dão a entender que ele faria bem, no interesse de sua carreira acadêmica, em não ocupar-se mais no futuro dessas inquirições penosas e pouco asseadas. Isso, dizem, não levaria a nada, ou, pelo menos, a nada que preste para a discussão pública.

Mas Freud não se importa com as boas maneiras, e sim com a sinceridade. Ele descobriu uma pista e a segue. E precisamente o sobressalto o ensina que, inconscientemente, pegara num ponto doente, que logo com o primeiro gesto chegara bem perto do nervo do problema. Ele segura firme. Não se deixa intimidar, nem pelas advertências bem-intencionadas dos colegas mais velhos e honradamente benevolentes, nem pelos queixumes de uma moral ofendida que não está habituada a ser tocada tão bruscamente *in puncto puncti*.[6] Com aquele destemor obstinado, com aquela coragem humana e aquela força intuitiva que, juntos, constituem seu gênio, ele não deixa de apertar com firmeza cada vez maior precisamente no mais sensível de todos os pontos, até que por fim estoura o abscesso desse silêncio, até que a ferida esteja exposta e se possa começar a cura. Em sua primeira incursão pelo desconhecido, esse médico solitário ainda não suspeita o quanto encontrará nessa escuridão. Percebe apenas profundidade, e a profundidade sempre atrai magneticamente para si o espírito criativo.

É um símbolo e nenhum acaso que justo esse primeiro encontro de Freud com sua geração, apesar da aparente insignificância do motivo, tenha se transformado em confronto. Pois não é apenas uma pudicícia ofendida, uma dignidade moral feita hábito que aqui se escandalizam com uma teoria específica: não, aqui o decrépito método do silenciamento sente de imediato, com a clarividência nervosa do ameaçado, um verdadeiro adversário. Não o *modo* como Freud toca e ousa tocar nessa esfera, e sim *o fato* de fazê-lo já significa um anúncio de combate para uma batalha decisiva. Pois, desde o primeiro momento, não se trata aqui de melhorias, e sim de um completo rearranjo. Não se trata de teses, e sim de princípios. Não de particularidades, e sim do todo. Testa contra testa,

6. Latim: "no ponto do ponto", isto é, quanto ao principal. Forma jocosa de referir-se à castidade/sexualidade. (N.T.)

defrontam-se duas formas de pensar, dois métodos cuja diferença é tão abissal que não há nem jamais poderá haver um entendimento entre eles. A velha psicologia, a psicologia pré-freudiana, assentada na ideologia da superioridade do cérebro sobre o sangue, exige do indivíduo, do ser humano cultivado e civilizado, que reprima seus impulsos por meio da razão. Freud responde rude e claramente: impulsos não se deixam reprimir de forma alguma, e é superficial supor que, uma vez reprimidos, tenham ido embora e desaparecido do mundo. Na melhor das hipóteses, podemos empurrar os impulsos do consciente para o inconsciente. Mas então eles se acumulam, perigosamente deformados, nessa câmara da alma, gerando inquietação nervosa, perturbação e doença graças à sua constante fermentação. Sem qualquer ilusão, descrente no progresso, sem consideração e radical, Freud constata que as forças impulsoras da libido, banidas pela moral, constituem uma parte indestrutível do ser humano, parte que renasce com cada embrião, um elemento de força que jamais se pode eliminar, mas, no melhor dos casos, reverter a uma atividade inofensiva mediante condução à consciência. Portanto, precisamente aquilo que a velha ética social declarava como o arquiperigo, o tornar-se consciente, é considerado salutar por Freud; precisamente aquilo que ela julgava salutar, a repressão, ele demonstra ser perigoso. Onde o velho método praticava o encobrir, ele exige o descobrir. Em vez do ignorar, um identificar. Em vez do sair do caminho, o investigar. Em vez do olhar para o lado, um olhar a fundo. Em vez da dissimulação, o desnudamento. Só pode refrear os impulsos quem os reconhece, só pode domar os demônios quem os tira de seu covil e os encara francamente nos olhos. Medicina tem tão pouco a ver com moral e pudor quanto com estética ou filologia, sua tarefa mais importante não é silenciar o que há de mais secreto no ser humano, mas, pelo contrário, finalmente fazê-lo falar. Sem qualquer consideração pela vontade dissimuladora do século, Freud lança no centro da época esses problemas do conhecimento de si mesmo e da admissão a si mesmo do recalcado e do inconsciente. E, com isso, não inicia apenas o tratamento de inúmeros indivíduos, mas de toda a época, doente de moral, ao transportar da dissimulação para a ciência o seu conflito fundamental reprimido.

Esse novo método postulado por Freud não reformulou apenas a concepção de nossa alma individual, mas apontou uma outra direção para todas as questões fundamentais de nossa cultura e sua genealogia. Por isso, comete um aviltamento grosseiro e um erro intelectual vulgar todo aquele que ainda pretenda avaliar a realização de Freud, de 1890 até agora, como um mero assunto médico, pois, consciente ou inconscientemente, confunde o ponto de partida com o objetivo. O fato de Freud romper a muralha chinesa da velha psicologia casualmente a partir do lado médico é correto em termos históricos, mas não é importante para sua realização. Pois, no caso de uma pessoa criativa, nunca é decisivo de onde ela partiu, e sim unicamente onde e quão longe ela chegou. Freud veio da medicina de modo não diferente de como Pascal veio da matemática e Nietzsche da filologia clássica. Sem dúvida, essa origem dá à sua obra uma certa coloração, mas não determina nem limita sua grandeza. Pois finalmente hoje, no septuagésimo quinto ano de sua vida, estaria na hora de observar que sua obra e seu valor há muito já não se fundamentam mais no fato secundário de que todo ano um grande número de neuróticos fica mais ou menos curado graças à psicanálise, e há muito, tampouco, em algum de seus artigos de fé teóricos e hipóteses. Se a libido é sexualmente "investida" ou não, se o complexo de castração e a predisposição narcísica e não sei que artigo de fé codificado devem ser ou não canonizados para a eternidade, tudo isso se transformou há muito em querela teológica de livres-docentes e é inteiramente irrelevante para aquela duradoura decisão na história intelectual que Freud conquistou para nosso mundo com a sua descoberta da dinâmica psíquica e sua nova técnica de perguntar. Aqui, um homem com olhar criador reformulou a esfera interior, e o fato de isso realmente se tratar de uma subversão, de seu "sadismo da verdade" produzir uma revolução na visão de mundo quanto a todas as questões psíquicas – esse elemento perigoso de sua doutrina (a saber, perigoso para eles) foi reconhecido em primeiro lugar pelos representantes da geração agonizante; de imediato, todos eles, os ilusionistas, os otimistas, os idealistas, os advogados do pudor e da boa e velha moral, perceberam com pavor: aqui põe mãos à obra um homem que ignora todas as tabuletas de advertência, que não se assusta com nenhum tabu e não se intimida com nenhum protesto, um homem a quem realmente nada é "sagrado". Instintivamente, sentiram que bem pouco tempo depois de Nietzsche, o anticristo, chegara, com a pessoa de Freud, um segundo e grande destruidor das velhas tábuas, o anti-ilusionista, alguém que vê através de todos os primeiros planos com um impiedoso olhar de raios X, que descobre o sexo por trás da libido, o homem primitivo por trás da criança inocente, antiquíssimas e perigosas tensões entre pai e filho na íntima convivência da família e as quentes efervescências do sangue nos sonhos mais cândidos. Um homem desses, que nos supremos objetos sagrados deles – cultura, civilização, humanitarismo, moral e progresso – não vê outra coisa senão sonhos de desejo, não irá ele – assim os atormenta um pressentimento incômodo já desde o primeiro momento – talvez ainda mais longe com a sua cruel sondagem? Não irá esse iconoclasta, enfim, ainda transpor da alma do indivíduo para a alma da massa a sua despudorada técnica analítica? Percutir por fim com seu martelo inclusive os fundamentos da moral do Estado e os complexos familiares amalgamados com tanto esforço, e decompor com seus ácidos terrivelmente corrosivos o sentimento patriótico e até o religioso? De fato, o instinto do mundo agonizante do pré-guerra viu com acerto: a coragem incondicional e o destemor intelectual de Freud não se detiveram diante de nada nem de ninguém. Indiferente às objeções e à inveja, ao ruído e ao silêncio, ele aperfeiçoou cada vez mais, com a inabalável paciência planejadora de um artesão, sua alavanca arquimediana, até que por fim pôde aplicá-la ao universo. No septuagésimo ano de sua vida, Freud finalmente ainda empreendeu isso, experimentando em toda a humanidade e inclusive em Deus o método comprovado no caso do indivíduo. Ele teve a coragem de ir cada vez mais longe, até o último *nihil*[7] e nada, além das ilusões, até aquele grandioso infinito onde não há mais fé, esperanças e sonhos, nem sequer aqueles com o céu ou com um sentido e uma tarefa da humanidade.

Sigmund Freud tornou a humanidade – magnífico feito de um único homem – mais esclarecida sobre si mesma: estou dizendo mais esclarecida, não mais feliz. Ele aprofundou a imagem do mundo de uma geração inteira: estou dizendo aprofundou e não embelezou. Pois o que é radical jamais torna feliz, apenas traz decisões. Mas não é tarefa da ciência acalentar o eterno coração de criança da humanidade com sonhos apaziguadores sempre novos; sua missão é ensinar os seres humanos a caminhar reta e corretamente em nossa dura Terra. Nesse trabalho imprescindível, Sigmund Freud fez a sua quota exemplar: na obra, sua dureza se transformou em força, e seu rigor, em lei inflexível. Freud jamais indicou ao ser humano uma saída cômoda com propósitos consoladores, uma fuga a reinos dos céus terrenos ou celestiais, sempre e tão somente o caminho para dentro de si mesmo, o perigoso caminho rumo à própria profundidade. Sua inteligência foi desprovida de indulgência: seu modo de pensar não tornou a vida do ser humano nem uma polegada mais fácil. Fria e cortante como um vento do norte, sua irrupção numa atmosfera abafada dissipou muitas névoas douradas e nuvens róseas do sentimento, mas diante dos horizontes límpidos há agora uma nova e clara vista para a esfera do espírito. Com outros olhos, mais livre, mais ciente e

7. Latim: "nada". (N.T.)

mais honesta, uma nova geração vê um novo tempo graças ao seu feito. Que a perigosa psicose da hipocrisia, que por um século intimidou a moral europeia, finalmente tenha cedido; que tenhamos aprendido a olhar para dentro de nossas vidas sem falso pudor; que palavras como "vício" e "culpa" nos despertem aversão; que os juízes, instruídos sobre a prepotência dos impulsos na natureza humana, por vezes hesitem em sentenças de culpabilidade; que hoje os professores já aceitem o que é natural com naturalidade e a família aceite o que é franco com franqueza; que haja mais sinceridade na concepção de moralidade e mais camaradagem na juventude; que as mulheres reconheçam mais livremente sua vontade e seu sexo; que tenhamos aprendido a respeitar a unicidade de cada indivíduo e a apreender criativamente o mistério em nosso próprio ser espiritual – todos esses elementos de um crescimento às direitas, melhor e mais moral, nós e nosso novo mundo devemos em primeiro lugar a esse único homem que teve a coragem de saber o que sabia e a tripla coragem de impor esse seu saber a uma moral contemporânea contrariada e defendendo-se com covardia. Várias particularidades de seu feito podem ser contestáveis, mas o que conta o particular! Os pensamentos vivem tanto da confirmação quanto da contestação, uma obra não vive menos do amor quanto do ódio que desperta. Passar à vida significa a única vitória decisiva de uma ideia, também a única que hoje ainda estamos dispostos a reverenciar. Pois, em nossa época de justiça vacilante, nada intensifica tanto a crença na supremacia do âmbito do espírito quanto o exemplo respirante e vivenciado de que basta, vez após vez, que um único homem tenha a coragem para a verdade a fim de multiplicar a veracidade no universo inteiro.

Retrato de caráter

A sinceridade é a fonte de toda genialidade.

Börne[1]

A porta austera de uma casa de aluguel vienense encerra há um meio século a vida privada de Sigmund Freud: quase se estaria tentado a dizer que ele absolutamente não a teve, tão modestamente em segundo plano transcorre a sua existência pessoal. Setenta anos na mesma cidade, mais de quarenta anos na mesma casa. Nela, por sua vez, o consultório na mesma sala, a leitura na mesma poltrona, o trabalho literário diante da mesma escrivaninha. *Pater familias* de seis filhos, sem quaisquer necessidades pessoais, sem outras paixões que as do ofício e da vocação. Nenhum grão de seu tempo, simultaneamente aproveitado com parcimônia e prodigalidade, jamais desperdiçado em vaidosa autoexibição, em cargos e honrarias, nunca uma anteposição agitadora do homem criador diante da obra criada: neste homem, o ritmo da vida se submete completa e unicamente ao ritmo do trabalho, um ritmo sem pausas, a fluir uniforme e pacientemente. Cada semana das milhares e milhares de seus setenta

1. Ludwig Börne (1786-1837), escritor alemão, no breve ensaio "*Die Kunst, in drei Tagen ein Originalschriftsteller zu werden*" [A arte de tornar-se um escritor original em três dias]. (N.T.)

e cinco anos circunscreve o mesmo e redondo círculo de atividade fechada, cada dia transcorre semelhantemente ao outro como um gêmeo: em seu período acadêmico, preleção na universidade uma vez por semana; toda quarta-feira à noite, um simpósio intelectual no círculo dos discípulos segundo o método socrático; na tarde de sábado, uma partida de cartas – de resto, de manhã até a noite, ou antes, até a meia-noite, cada minuto aproveitado até o último segundo na análise, no tratamento, no estudo, na leitura e na criação científica. Esse implacável calendário de trabalho não conhece folha vazia, o longuíssimo dia de Freud não conhece, em um meio século, uma hora empregada de modo não intelectual. A atividade constante é tão natural a esse cérebro sempre em movimento quanto é para o coração o pulsar que bombeia o sangue; o trabalho se mostra em Freud não como fazer submetido à vontade, e sim inteiramente como função natural, constante e fluida. Porém, precisamente essa ausência de pausas na vigília e na vigilância é ao mesmo tempo o mais assombroso de sua postura intelectual: aqui a normalidade se transforma em fenômeno. Há quarenta anos, Freud empreende diariamente oito, nove, dez, por vezes até onze análises, isto quer dizer: nove, dez, onze vezes ele se concentra por uma hora inteira a cada vez com tensão extrema, quase trêmula, em um desconhecido, escuta e pesa cada palavra, enquanto ao mesmo tempo sua memória que nunca falha compara os enunciados dessa psicanálise com aqueles de todas as sessões anteriores. Portanto, ele vive inteiramente dentro dessa personalidade desconhecida, enquanto ao mesmo tempo a contempla de fora fazendo um diagnóstico psíquico. E, de um golpe, ele precisa se orientar de imediato, ao final da sessão, a uma outra pessoa, o próximo paciente, oito, nove vezes num dia – portanto, conservando separadamente em si e abrangendo-os até as mais finas ramificações, sem anotações e auxílios de memória, centenas e mais centenas de destinos. Semelhante configuração de trabalho, a reorientar-se com tanta constância, exige tamanha vigília intelectual, prontidão psíquica e tensão dos nervos que outra pessoa não estaria mais à altura delas depois de duas ou três horas. Mas a assombrosa vitalidade de Freud, essa sua sobreforça no interior da força intelectual, não conhece esmorecer nem extenuar. Quando, tarde da noite, está terminada a atividade analítica, as nove ou dez horas de ocupação com o ser humano, só então começa a elaboração via pensamento dos resultados, aquele trabalho que o mundo considera ser seu único trabalho. E toda essa realização gigantesca, atuando sem pausa de modo prático sobre milhares de pessoas e influenciando milhões de outras, ocorre durante um meio século sem ajudante, sem secretário, sem assistentes; cada carta é escrita de próprio punho, cada exame é levado a cabo sozinho, sozinho ele dá forma a cada obra sua. Apenas essa grandiosa regularidade da força criadora denuncia, por trás da banal superfície exterior de sua existência, a verdadeira natureza demoníaca. Apenas a partir da esfera do que foi criado é que essa vida aparentemente normal revela sua unicidade e incomparabilidade.

Semelhante instrumento de precisão do trabalho, que nunca falha, que por décadas nunca para nem se desvia, só é imaginável em um material da substância mais consumada. Como em Händel, Rubens e Balzac, criadores igualmente torrenciais, a demasia intelectual de Freud provém de uma natureza arquisaudável. Até seus setenta anos, esse grande médico nunca esteve seriamente doente, esse sutilíssimo observador do jogo dos nervos nunca foi nervoso, esse clarividente investigador de todas as anormalidades da alma, esse tão caluniado sexualista, foi sobremaneira linear e sadio em todas as manifestações pessoais de sua vida ao longo de uma vida inteira. Por sua própria experiência, esse corpo não conhece sequer as mais habituais, as mais cotidianas perturbações do trabalho intelectual, e, quase nunca, dores de cabeça e cansaço. Por décadas, Freud nunca precisou consultar um colega médico, nunca precisou cancelar uma única sessão devido a uma indisposição – apenas na idade patriarcal uma doença insidiosa tenta quebrar essa saúde realmente policrática.[2] Mas em vão! Mal a ferida cicatrizou, restabelece-se de imediato e completamente inalterada a antiga energia. Estar saudável é para Freud idêntico a respirar, estar desperto, a trabalhar, e criar, à vida. E, exatamente tão intensa e densa quanto sua tensão durante o dia, é perfeito, neste corpo férreo, trabalhado a martelo, o relaxamento durante a noite. Um sono breve, mas firme e contínuo, renova de manhã em manhã essa energia grandiosamente normal e, ao mesmo tempo, grandiosamente supranormal de seu

2. Provável alusão a Polícrates de Samos, rei da Antiguidade que teria sido especialmente favorecido pela fortuna; Schiller dedicou-lhe uma balada, "Der Ring des Polykrates" [O anel de Polícrates]. (N.T.)

espírito. Quando dorme, Freud dorme muito profundamente, e em sua vigília, está incrivelmente desperto.

Esse completo equilíbrio das forças interiores tampouco é contradito pela imagem exterior de seu caráter. Também neste caso, uma perfeita proporção em cada traço, uma aparência completamente harmônica. A estatura não é alta demais nem baixa demais, o corpo não é pesado demais nem débil demais: sempre e em toda parte, o meio realmente exemplar entre os extremos. Por anos e anos, desesperam-se ante seu rosto todos os caricaturistas, pois nesse oval perfeitamente regular não encontram em parte alguma um começo apropriado para o exagero gráfico. Em vão as pessoas colocam lado a lado retrato após retrato de seus anos mais jovens a fim de captar neles algum traço predominante, algo importante em termos caracterológicos. Mas os traços do homem de trinta anos, de quarenta e de cinquenta anos não dizem mais do que isto: um belo homem, um homem viril, um senhor de traços regulares, quase regulares demais. Por certo os olhos escuros e concentrados indicam a pessoa de intelecto, mas mesmo com a melhor boa vontade não se encontra nessas fotografias desbotadas mais do que simplesmente um daqueles rostos de médico de tipo idealmente viril emoldurados por uma barba cuidada, tal como Lenbach e Makart gostavam de pintar, rostos sombrios, suaves e sérios, mas, no fundo, nada esclarecedores. E já se pensa que é preciso abandonar qualquer tentativa caracterológica diante desse rosto encerrado em sua própria harmonia. Então, de repente, os últimos retratos começam a falar. Apenas a idade, que na maioria das pessoas normalmente dissolve os traços individuais de caráter e os transforma em fragmentos de argila cinzenta, apenas a época patriarcal aplica a Freud o cinzel escultórico, apenas a doença e os anos de velhice cinzelam de maneira incontestável uma fisionomia a partir de um mero rosto. Desde que o cabelo encaneceu, que a barba não ensombrece mais tão cheiamente o queixo duro, não mais tão escuramente a boca severa, desde que a base osseamente plástica de seu rosto vem à luz, revela-se algo duro, incondicionalmente ofensivo, a vontade de sua natureza, vontade que se salienta de modo implacável e quase obstinado. Mais sombrio, mais insistente, mais esquadrinhador, vindo de um lugar mais profundo, o olhar, que antes apenas contemplava, penetra o espectador; uma amarga ruga de desconfiança corta nitidamente de cima a baixo, como uma ferida, a testa descoberta, enrugada. E, tensos como após um "não" ou um "isto não é verdade", cerram-se os lábios finos. Pela primeira vez, percebemos o ímpeto e a severidade da natureza de Freud em seu rosto, e percebemos também: não, este não é um *good grey old man*[3] que se tornou terno e amável na velhice, e sim um perscrutador duro e implacável, que não se deixa enganar por nada e não quer se deixar enganar sobre nada. Um homem diante de quem teríamos medo de mentir, pois ele, com esse olhar de arqueiro, sombreado de suspeita e atingindo o alvo, por assim dizer, a partir da escuridão, segue toda expressão evasiva e enxerga de antemão qualquer esconderijo – um rosto opressor, talvez, mais do que um rosto libertador, mas magnificamente animado

3. Inglês: "bom e grisalho ancião". (N.T.)

de intensidade discernidora; não o rosto de um mero observador, e sim de um impiedoso penetrador.

Esse ingrediente de dureza do Antigo Testamento, esse elemento colericamente inconciliante que fala a partir dos olhos quase ameaçadores do velho combatente, eis algo que não se deve tentar eliminar, mediante lisonjas, do perfil de caráter desse homem. Pois se alguma vez tivesse faltado a Freud essa determinação de arestas pontiagudas, franca e impiedosa, faltaria também o melhor e o mais decisivo de seu feito. Se Nietzsche filosofou com o martelo, Freud filosofou durante uma vida inteira com o bisturi: instrumentos desse gênero não prestam em mãos suaves e condescendentes. Amabilidades, cortesias, compaixão e indulgência seriam completamente incompatíveis com a radical forma de pensar de sua natureza criadora, cujo sentido e cuja missão eram unicamente a elucidação dos extremos, não a sua união. A combativa determinação de Freud quer sempre e tão somente um claro *a favor* ou *contra*, um *sim* ou *não* para sua causa, nenhum *por um lado* e *por outro lado*, nenhum *no meio* e *talvez*. Quando se trata de razão e de ter razão no âmbito intelectual, Freud não conhece deferências, reservas, nenhum pactuar e nenhum perdão: como Jeová, ele perdoa muito menos um cético tíbio do que um apóstata. Meias probabilidades não valem nada para ele, atrai-o apenas a verdade pura, cem por cento. Toda nebulosidade, tanto nas relações pessoais entre um indivíduo e outro como também aquelas sublimes obscuridades do pensar da humanidade que chamamos de ilusões, provocam de maneira completamente automática seu formidável e quase amargurado gosto de separar, delimitar, ordenar – seu olhar sempre quer ou precisa repousar sobre os fenômenos com a nitidez da luz não refratada. Mas esse ver às claras, pensar às claras e aclarar as coisas não significa para Freud qualquer esforço, absolutamente nenhum ato de vontade; analisar é a genuína, a inata e a irrefreável ação instintiva de sua natureza. Quando Freud não compreende de imediato e absolutamente, ele não consegue fazer-se compreender; o que ele não enxerga por si mesmo com plena clareza, ninguém pode esclarecer-lhe. Seu olhar e seu espírito são autocráticos e completamente inconciliantes; e precisamente na guerra, na solidão diante da prepotência é que se distende o pleno prazer de atacar dessa vontade de pensamento moldada a martelo pela natureza na forma de lâmina que penetra de ponta a ponta.

Porém, duro, severo e implacável em relação aos outros, Freud não se mostra menos duro e desconfiado em relação a si mesmo. Exercitado em seguir o rastro mesmo da mais recôndita inverdade de uma pessoa até a mais secreta trama do inconsciente, em descobrir por trás de cada camada uma camada ainda mais profunda, por trás de cada confissão uma confissão ainda mais sincera, por trás de cada verdade uma verdade ainda mais veraz, ele também exercita em relação a si próprio a mesma vigilância analítica do autoexame. Por isso, a expressão "pensador audaz", usada com tanta frequência, me parece muito mal escolhida no caso de Freud. As ideias de Freud não têm nada de improvisações, dificilmente de intuições. Nem leviano nem rápido em suas formulações, muitas vezes Freud hesita anos até articular uma hipótese em público como afirmação; para um gênio construtivo como o seu, saltos bruscos de pensamento ou sínteses precipitadas seriam um completo absurdo. Sempre descendo degrau por degrau, com cautela e nada extático, Freud é o primeiro a notar cada ponto pouco estável; incontáveis vezes encontramos em seus escritos autoadmoestações tais como "isto pode ser uma hipótese" ou "sei que tenho poucas coisas novas a dizer a respeito disso". A verdadeira coragem de Freud começa tarde, apenas quando ele próprio tem plena segurança. Quando esse impiedoso desilusionista convenceu a si mesmo por inteiro e derrotou a sua própria desconfiança de que poderia aumentar a ilusão universal com um novo sonho de desejo, só então ele apresenta sua concepção. Porém, se uma vez reconheceu uma ideia e a admitiu publicamente, então ela se torna por inteiro sua carne e seu sangue, parte aderida a sua existência intelectual, e nenhum Shylock conseguiria cortar-lhe sequer uma fibra de seu corpo vivo. A certeza de Freud sempre vem tarde: mas, uma vez conquistada, não é mais possível quebrá-la.

Esse firme aferrar-se a suas concepções foi chamado pelos adversários de Freud, com irritação, de dogmatismo, e inclusive seus adeptos queixaram-se a respeito vez por outra em voz alta ou baixa. Mas essa incondicionalidade de Freud não pode ser separada do aspecto caracterológico de sua natureza: não provém de uma disposição da vontade, e sim de uma disposição espontânea, da óptica particular de seu olho. O que Freud observa criativamente, ele o vê como se ninguém o tivesse observado antes dele. Quando pensa, ele esquece tudo o que outros antes dele pensaram sobre esse assunto. Ele vê seus problemas de modo natural e forçoso, e onde quer que abra o sibilino livro da alma humana, abre-se para ele uma folha nova; e antes que seu pensar a toque criticamente, seu olho já realizou a criação. Porém, uma opinião pode ser instruída sobre seu erro, jamais um olho sobre seu olhar criador: a visão está além de qualquer influenciabilidade, o elemento criador está além da vontade; mas aquilo que chamamos de verdadeiramente criador não é senão isso, ver todas as coisas desde sempre imutáveis como se nunca tivessem sido iluminadas pelo astro de um olho terreno, enunciar mais uma vez de modo tão virginalmente novo algo já pronunciado mil vezes como se uma boca humana jamais o tivesse dito. Por não ser passível de aprendizado, essa magia do olhar intuitivo do investigador também nunca é corrigível, e todo perseverar de uma natureza genial em sua primeira e única visão não é de forma alguma obstinação, e sim profunda necessidade.

Por isso, Freud também jamais busca convencer, imbuir e persuadir seu leitor e seu ouvinte de seus pontos de vista. Ele apenas os expõe. Sua honestidade incondicional renuncia por inteiro a servir de forma poeticamente sedutora mesmo os pensamentos que lhe são os mais importantes, e a tornar mais palatáveis, mediante uma conciliação da expressão, certos bocados duros e amargos para ânimos sensíveis. Comparada à prosa embriagadora de Nietzsche, que sempre faz cintilar os mais ousados fogos de artifício da arte e do engenho, a sua parece de início sóbria, fria e sem cor. A prosa de Freud não promove agitação, não faz propaganda, renuncia por inteiro a um fundo poético, a toda ritmização por meio de música (à qual lhe falta, segundo ele próprio confessa, qualquer inclinação interior – obviamente no sentido de Platão, que a acusa de confundir o pensamento puro). Mas é somente a este que Freud aspira; ele age conforme o dito de Stendhal, "*pour être bon philosophe, il faut être sec, clair, sans illusion*".[4] A clareza é para ele, como em todas as manifestações humanas, o ótimo e último também na expressão via linguagem; a essa suprema luminosidade e clareza ele subordina todos os valores artísticos como secundários, e é apenas à nitidez diamantina dos contornos assim atingida que sua linguagem deve a incomparável *vis plastica*.[5] Sem qualquer pompa, rigidamente objetiva, uma prosa romana, latina, ela jamais esvoaça poeticamente em torno de seu objeto, mas expressa-o de modo duro e vigoroso. Ela não enfeita, não amontoa, não mescla e não oprime; ela poupa ao extremo imagens e comparações. Mas se então insere uma comparação, esta sempre acerta como um tiro graças à sua força persuasiva. Muitas formulações imagéticas de Freud têm o caráter físico transparente de pedras lapidadas e, em meio à sua prosa vitreamente clara, o efeito de camafeus engastados em conchas de cristal, e cada uma dessas formulações é inesquecível. Porém, nem uma só vez Freud abandona o caminho retilíneo em

4. "Para ser um bom filósofo é preciso ser seco, claro, sem ilusões." Citado por Prosper Mérimée em *Notes et souvenirs* na *Corréspondence inédite* de Stendhal. Também ocorre em Nietzsche, *Além do bem e do mal*, § 39. (N.T.)

5. Latim: "força plástica". (N.T.)

suas exposições filosóficas – divagações no âmbito da linguagem são para ele tão odiosas quanto rodeios no pensar –, e em toda a sua vasta obra não há uma frase que mesmo uma pessoa sem formação não possa compreender facilmente e sem equívocos. Sua expressão e seu pensar sempre aspiram a uma precisão que seja de fato geometricamente exata: por isso, só uma linguagem de aparente inconspicuidade, mas, na realidade, de extrema luminosidade, pôde servir à sua vontade de clareza.

Todo gênio, diz Nietzsche, ostenta uma máscara. Freud escolheu uma das mais inescrutáveis: a da discrição. Sua vida exterior oculta uma produtividade demoníaca por trás de uma vida burguesa sóbria, quase filistina. E seu rosto, o gênio criador por trás de feições regularmente tranquilas. Sua obra, revolucionária e ousada como ela só, ensombrece-se modestamente pelo lado externo como método universitário exato das ciências naturais. E sua linguagem, devido à frieza sem cor, ilude a respeito do elemento cristalinamente artístico de sua força imagética. Gênio da sobriedade, ele gosta de tornar evidente apenas o que há de sóbrio em sua natureza, não o que há de genial. Apenas o aspecto comedido torna-se de início visível; somente nas profundezas, em momento posterior, sua sobremedida. Em tudo Freud é mais do que deixa ver de si, e, no entanto, em cada expressão de sua natureza, é de modo inequívoco o mesmo. Pois sempre que numa pessoa vigore criadoramente a lei da mais elevada unidade, tal lei vem à luz da mesma maneira visível e vitoriosa em todos os elementos de seu ser, seja na linguagem, na obra, no aspecto ou na vida.

O PONTO DE PARTIDA

"Não senti nos anos de juventude uma especial predileção pela posição e pela atividade de médico, e, aliás, tampouco mais tarde", confessa Freud de modo franco em sua biografia com a implacabilidade para consigo tão característica dele. Entretanto, essa confissão se complementa de maneira deveras esclarecedora: "Movia-me, antes, uma espécie de desejo de saber, que, no entanto, se referia mais à condição humana do que a objetos naturais".[1] Nenhuma disciplina propriamente dita corresponde a essa sua propensão mais íntima, pois o catálogo de estudos médicos da universidade de Viena não conhece a matéria "condição humana". E visto que o jovem estudante tem de pensar no ganha-pão imediato, não pode entregar-se por muito tempo a inclinações privadas, mas tem de marchar pacientemente com outros estudantes de medicina sobre o pavimento dos doze semestres prescritos. Já enquanto estudante, Freud trabalha a sério em investigações independentes; em contrapartida, cumpre "de modo bastante negligente", segundo sua própria confissão sincera, a série de obrigações acadêmicas,

1. Freud, *Selbstdarstellung* [Autoapresentação], cap. I. (N.T.)

e apenas "com considerável atraso", em 1881, aos 25 anos, forma-se *doctor medicinae*.

Destino de incontáveis pessoas: nesse homem incerto de seu caminho, encontra-se pressagiosamente preparada uma vocação intelectual, e ele precisa de início substituí-la por um emprego prático de modo algum almejado. Pois, de antemão, os aspectos artesanal, escolar e terapêutico da medicina pouco atraem esse espírito inteiramente orientado para o universal. Psicólogo nato no mais profundo alicerce de seu ser – só que ainda falta muito para saber disso –, o jovem médico busca instintivamente forçar seu campo de ação teórico pelo menos até as vizinhanças da esfera anímica. Escolhe, pois, a psiquiatria como disciplina especial e ocupa-se da anatomia cerebral, pois uma psicologia individualizante, essa ciência da alma que é hoje para nós há muito imprescindível, ainda não é ensinada e praticada nos auditórios de medicina da época: Freud terá primeiro de inventá-la para nós. A concepção mecanicista daquele tempo considera tudo o que é animicamente irregular como mera degeneração dos nervos, como uma modificação patológica; inabalável, predomina a ilusão de que um dia seria possível, graças a um conhecimento cada vez mais preciso dos órgãos e com experimentos no reino animal, calcular com precisão o automatismo do "anímico" e corrigir qualquer desvio. Por isso, a ciência da alma obtém na época um lugar de trabalho no laboratório de fisiologia, e acredita-se praticar uma ciência psicológica exaustiva ao medir as contrações e oscilações dos nervos com bisturi e lanceta, com microscópio e aparelhos de reação elétrica. Da mesma forma, Freud também precisa de início sentar-se à mesa de dissecação e, com toda sorte de aparelhos técnicos, buscar causalidades, que, na verdade, jamais se revelam na forma grosseira da visibilidade aos sentidos. Por anos a fio ele trabalha no laboratório com Brücke e Meynert, os famosos anatomistas, e ambos os mestres dessa disciplina logo reconhecem no jovem assistente o inato talento autônomo-criativo do descobridor. Ambos procuram convencê-lo a tornar-se colaborador permanente em sua especialidade; Meynert chega a propor ao jovem médico que faça em seu lugar conferências sobre anatomia cerebral. Mas, inteiramente inconsciente, uma tendência interior em Freud se opõe. Talvez na época seu instinto já tenha pressentido a decisão; em todo o caso, ele recusa a honrosa oferta. Entretanto, seus trabalhos histológicos e clínicos até então realizados, cumpridos com exatidão acadêmica, já são plenamente suficientes para conceder-lhe a docência de neurologia na universidade de Viena.

Docente de neurologia: naquela época, em Viena, esse é um título muito cobiçado e rendoso para um jovem médico de 29 anos sem posses. Entra ano e sai ano, Freud só precisaria agora tratar seus pacientes sem cessar, segundo o método obedientemente aprendido, academicamente prescrito, e poderia tornar-se professor extraordinário e, por fim, até conselheiro da corte.[2] Mas, já naquela época, vem à luz aquele instinto de autovigilância, tão particularmente característico dele, que durante toda a sua vida o conduz cada vez mais longe e mais fundo. Pois esse jovem

2. *Hofrat*, título honorário concedido a funcionários públicos na Áustria. (N.T.)

docente reconhece com honestidade o que todos os outros neurologistas silenciam com receio diante dos demais e inclusive diante de si mesmos, a saber, que toda a técnica do tratamento nervoso de fenômenos psicogênicos, tal como ensinada por volta de 1885, encontra-se presa num beco sem saída, completamente desamparada e, sobretudo, incapaz de amparar. Mas como praticar outra se nenhuma outra é ensinada em Viena? O que ali podia ser aprendido em 1885 (e ainda muito tempo depois) com os professores, isso o jovem docente aprendeu até o último detalhe, a saber, trabalho clínico impecável, anatomia certeiramente exata e, ainda por cima, as virtudes capitais da escola vienense: rigorosa fundamentação e zelo implacável. O que mais pode ser aprendido com homens que não sabem mais que ele próprio? Por isso, a notícia de que em Paris se praticava há alguns anos uma psiquiatria de orientação bem diferente o atinge com força e como tentação irresistível. Ouve com assombro e desconfiança, mas seduzido, que Charcot, embora sendo ele próprio originalmente anatomista cerebral, empreende lá peculiares experimentos com o auxílio daquela infame e banida hipnose, que em Viena, desde que Franz Anton Mesmer[3] fora com sucesso expulso da cidade, se encontra sob um sétuplo anátema. Freud logo reconhece que de longe, apenas por meio de relatos de jornais médicos, não é possível obter uma

3. Franz Anton Mesmer (1734-1815): médico austríaco, fundador da doutrina do magnetismo animal (o chamado mesmerismo), segundo a qual forças magnéticas inerentes ao ser humano poderiam ter um efeito terapêutico sobre doentes, em especial doentes dos nervos. (N.T.)

imagem material desses experimentos; é preciso vê-los por conta própria para avaliá-los. E, de imediato, o jovem estudioso ruma a Paris, com aquele misterioso faro interior que sempre leva as pessoas criadoras a pressentirem a verdadeira direção de seu caminho. Seu professor, Brücke, apoia o pedido de uma bolsa de viagem feito pelo jovem médico sem posses. Ela lhe é concedida. A fim de recomeçar mais uma vez a aprender antes de ensinar, o jovem docente viaja em 1886 a Paris.

Nesta cidade, adentra de imediato uma outra atmosfera. É verdade que Charcot, tal como Brücke, também vem da anatomia patológica, mas foi além dela. Em seu famoso livro *La foi qui guérit*[4], o grande francês investigou os milagres religiosos decorrentes da fé, até então rejeitados como indignos de crédito pela presunção científica da medicina, sob o ponto de vista de seus condicionantes psíquicos e constatou certas regularidades típicas em seus fenômenos. Em vez de negar fatos, começou a interpretá-los e, com a mesma imparcialidade, aproximou-se de todos os outros sistemas de curandeirismo, dentre eles o famigerado mesmerismo. Pela primeira vez, Freud encontra um estudioso que não despacha a histeria de antemão, com desdém, como simulação – caso de sua escola vienense –, mas que demonstra que nessa doença psíquica, a mais interessante de todas por ser a mais plástica, os ataques e eclosões são consequência

4. "A fé que cura", artigo publicado no periódico *La Revue Hebdomadaire*, dezembro de 1892, v. 1, n. 7, p. 112-132. Veio a lume em formato de livro apenas postumamente, em 1897. (N.T.)

de abalos interiores e, por isso, têm de ser interpretados de acordo com causalidades mentais. No auditório público, Charcot demonstra em pacientes hipnotizados que aquelas conhecidas paralisias típicas sempre podem ser produzidas e eliminadas no estado semidesperto com auxílio da sugestão; que, portanto, não são reflexos fisiológicos grosseiros, e sim submetidos à volição. Ainda que as particularidades de sua doutrina nem sempre convençam o jovem médico vienense, impressiona-o intensamente o fato de que em Paris se reconheçam e apreciem na neurologia não apenas causalidades físicas, mas psíquicas e inclusive metapsíquicas; aqui, percebe ele com alegria, a psicologia se aproxima outra vez da antiga ciência da alma, e ele se mais atraído por esse método mental do que pelos até então aprendidos. Também em seu novo círculo de ação, Freud tem a sorte – mas podemos chamar de sorte o que no fundo é apenas o eterno e recíproco faro instintivo dos espíritos superiores? – de encontrar interesse especial junto a seus professores. Tal como Brücke, Meynert e Nothnagel em Viena, também Charcot reconhece de imediato em Freud a natureza criadoramente pensante e o traz para o seu convívio pessoal. Encarrega-o da tradução de suas obras ao alemão e distingue-o muitas vezes com sua confiança. Quando, então, Freud retorna a Viena alguns meses depois, sua imagem interior do mundo se modificara. Também o caminho de Charcot, percebe ele de modo indistinto, ainda não é o que lhe convém plenamente; também esse pesquisador ainda se ocupa por demais do experimento físico e muito pouco com o que este demonstra animicamente. Mas já esses poucos meses amadureceram no jovem estudioso uma nova coragem e uma nova vontade de independência. Agora pode começar o seu trabalho criador autônomo.

Antes disso, porém, ainda cabe cumprir uma pequena formalidade. Todo bolsista da universidade é obrigado após o seu retorno a fazer um relato sobre suas experiências científicas no exterior. Freud faz isso na associação dos médicos. Fala dos novos caminhos de Charcot e descreve os experimentos hipnóticos da Salpêtrière. Mas, desde a época de Franz Anton Mesmer, ainda há entre a classe médica vienense uma desconfiança colérica em relação a qualquer método sugestivo. A notícia de Freud de que seria possível produzir artificialmente os sintomas da histeria é despachada com um sorriso de superioridade, e sua comunicação de que existiriam inclusive casos de histeria masculina desperta uma hilaridade indisfarçável entre seus colegas. Primeiro dão-lhe tapinhas benevolentes no ombro por ter se deixado enganar por lorotas desse gênero em Paris; mas, como Freud não cede, impedem o acesso do apóstata, como alguém indigno, ao espaço consagrado do laboratório cerebral, onde – graças a Deus! – ainda se pratica a psicologia "à maneira seriamente científica". Desde aquela época, Freud é a *bête noire*[5] da universidade de Viena, não pisou mais a sala da associação dos médicos e apenas graças à proteção privada de uma paciente muito abastada (como ele próprio admite jovialmente) é que consegue, anos depois, o título de professor extraordinário. A ilustre faculdade, porém, recorda-se com

5. Francês: "horror", "pesadelo"; literalmente, "besta negra", isto é, animal que provoca aversão a alguém. (N.T.)

extrema má vontade de seu pertencimento ao corpo docente acadêmico. Em seu septuagésimo aniversário, ela inclusive prefere expressamente *não* se recordar disso e evita todo cumprimento e toda saudação. Jamais se tornou *ordinarius*[6], não se tornou conselheiro da corte nem conselheiro privado, e continuou sendo apenas o que ali fora desde o início: um professor extraordinário entre outros que são ordinários.

Com sua rebelião contra o método mecanicista da neurologia praticado em Viena, que buscava curar doenças determinadas animicamente de modo exclusivo a partir do estímulo cutâneo ou por ação medicamentosa, Freud não arruinou apenas sua carreira acadêmica, mas também sua clínica médica. Agora, tem de andar sozinho. Nesse começo, mal sabe mais do que o lado negativo, a saber, que não cabe esperar descobertas psicológicas decisivas no laboratório de anatomia cerebral nem a partir do medidor de reações nervosas. Apenas um método bem diferente e que comece de outro ponto pode se aproximar dos misteriosos emaranhados do âmbito anímico – encontrá-lo ou, antes, inventá-lo será doravante o esforço apaixonado de seus próximos cinquenta anos. Paris e Nancy deram-lhe certas indicações que apontavam o caminho. Mas, exatamente como na arte, também na esfera científica jamais basta um único pensamento para a configuração definitiva; também na pesquisa, a verdadeira fecundação sempre ocorre apenas graças à interseção entre uma ideia e uma experiência.

6. Isto é, professor ordinário, aquele que é o titular de uma cátedra. Conselheiro da corte e conselheiro privado são títulos honorários. (N.T.)

Basta o menor estímulo e a força criadora é obrigada à descarga.

Esse estímulo é dado – tão densa já se tornou a tensão – pela convivência pessoal amistosa com um colega mais velho, o doutor Josef Breuer, que Freud já encontrara antes no laboratório de Brücke. Breuer, um médico de família muito atarefado, extremamente ativo do ponto de vista científico, sem ser ele próprio criador de um modo decisivo, relatara a Freud já antes de sua viagem parisiense um caso de histeria de uma jovem em quem havia conseguido resultados terapêuticos de um modo notável. Essa jovem produzia os sintomas, conhecidos dos manuais, do mais plástico de todos os adoecimentos nervosos, ou seja, paralisias, distensões, inibições e turvações da consciência. Bem, Breuer fizera a observação de que essa jovem sempre se sentia aliviada quando podia contar-lhe muito sobre si mesma. Por isso, o perspicaz médico deixava, pacientemente, a doente se expressar, pois dera-se conta de que começava uma melhora temporária sempre que ela podia exprimir em palavras sua fantasia afetiva. A jovem falava, falava, falava. Porém, em todas essas confissões abruptas, desconexas, Breuer percebia que a doente sempre desviava a narrativa de propósito ao chegar ao verdadeiro elemento, ao elemento causalmente decisivo para a origem de sua histeria. Ele percebeu que essa pessoa sabia algo sobre si que absolutamente não queria saber e por isso o reprimia. Para agora liberar o caminho obstruído que dá acesso à vivência oculta, Breuer tem a ideia de hipnotizar regularmente a jovem. Nesse estado liberto da vontade, ele espera poder eliminar de modo permanente todas as "inibições" (cabe perguntar-se que palavra poderíamos usar aqui se a psicanálise não a tivesse inventado) que se opõem ao esclarecimento definitivo do estado de coisas. De fato, sua tentativa é bem-sucedida; na hipnose, em que todo sentimento de pudor é por assim dizer amortecido, a moça diz francamente o que até então ocultara do médico e sobretudo de si mesma com tamanha obstinação, a saber, que junto ao leito de doente do pai tivera certos sentimentos e os reprimira. Esses sentimentos recalcados por motivos de decoro tinham, portanto, encontrado, ou antes inventado, esses sintomas patológicos como uma distração. Pois toda vez que a moça confessa francamente esses sentimentos na hipnose, desaparece de imediato seu fenômeno substitutivo: o sintoma histérico. Breuer prossegue então o tratamento de maneira sistemática nessa linha. E, na medida em que esclarece a doente sobre si mesma, cedem os perigosos fenômenos histéricos – eles se tornaram desnecessários. Após alguns meses, plenamente curada e restabelecida, a paciente pode receber alta.

Breuer contara em dada ocasião ao colega mais novo esse caso peculiar por ser especialmente chamativo. Alegrava-o nesse tratamento sobretudo a recondução bem-sucedida de uma doente neurótica à saúde. Mas Freud, com o seu instinto para as profundezas, presume de imediato, por trás dessa terapia descoberta por Breuer, uma lei de vigência muito mais ampla, a saber, que "energias psíquicas são deslocáveis", que no "subconsciente" (esta palavra também ainda não havia sido inventada na época) deveria estar em ação uma determinada dinâmica de transposição que convertesse e conduzisse a outras ações psíquicas ou físicas os sentimentos impedidos por recalcamento de produzirem seu efeito natural (ou, como desde então dizemos, "não ab-reagidos"). A partir de um outro lado, por assim dizer, o caso encontrado por Breuer ilumina as experiências trazidas de Paris e, a fim de seguir mais a fundo na escuridão a pista aqui elucidada, os dois amigos se associam no trabalho. As obras redigidas em conjunto por eles, *Sobre o mecanismo psíquico dos fenômenos histéricos*, de 1893, e os *Estudos sobre a histeria*, de 1895, representam o primeiro registro dessas novas ideias; nelas cintila pela primeira vez a aurora de uma nova psicologia. Essas investigações em comum foram as primeiras a constatar que a histeria não repousa, como até então se supunha, num adoecimento orgânico físico, e sim numa perturbação ocasionada por um conflito interior, não consciente para o próprio doente, cuja pressão por fim dá forma àqueles "sintomas", àquelas modificações patológicas. Como a febre que surge devido a uma inflamação interna, assim surgem perturbações psíquicas devido a um sobrerepresamento emocional. E tal como no corpo a febre baixa de imediato quando a supuração encontra seu escoamento, esse deslocamento e essa crispação violentos da histeria se desfazem tão logo se consiga providenciar a escoação para o sentimento até então recalcado e represado, tão logo se consiga "conduzir a caminhos normais, em que possa chegar à descarga, o montante de afeto empregado para a conservação do sintoma, montante que se extraviara por vias errôneas e lá ficara entalado, por assim dizer".[7]

7. Freud, *Selbstdarstellung* [Autoapresentação], cap. II. (N.T.)

Como instrumento para essa ação de alívio psíquico, Breuer e Freud empregam de início a hipnose. Mas, nessa época pré-histórica da psicanálise, ela não é de modo algum o remédio em si, e sim apenas um meio. Destina-se apenas a ajudar a dissolver a crispação do sentimento: representa, por assim dizer, a anestesia para a operação a ser feita. Apenas quando eliminadas as inibições da consciência desperta é que o doente expressa com franqueza o que silenciara, e já pelo fato de confessar diminui a pressão perturbadora. Obteve-se alívio para uma alma oprimida, ocorre aquela libertação da tensão que a tragédia grega já exalta como um elemento libertador e alegrador, motivo pelo qual Breuer e Freud, no sentido da catarse de Aristóteles, chamam o seu método inicialmente de "catártico". Pelo conhecimento e pelo autoconhecimento, o ato falho artificial e patológico se torna supérfluo, o sintoma desaparece, ele que só tinha sentido simbólico. Expressar-se pela fala significa, portanto, em certa medida, também extravasar o sentimento; o conhecimento se transforma em libertação.

Até chegar a essas importantes e inclusive decisivas hipóteses, Breuer e Freud haviam avançado juntos. Então seus caminhos se separam. Breuer, o médico, sobressaltado por alguns dos perigos dessa descida, volta-se outra vez ao âmbito da medicina; ocupam-no, no essencial, as possibilidades de curar a histeria, a eliminação dos sintomas. Mas Freud, que só agora havia descoberto o psicólogo em si, fica fascinado justamente com o mistério, que aí vem à luz, desse processo de transformação, o processo psíquico. O fato recém-descoberto de que sentimentos possam ser recalcados e substituídos por sintomas estimula nele uma vontade inquiridora cada vez mais impetuosa; nesse problema, ele suspeita a inteira problemática do mecanismo psíquico. Pois se sentimentos podem ser recalcados, quem os recalca? E, sobretudo, para onde são recalcados? De acordo com que leis as forças se convertem do âmbito mental para o físico, e em que espaço se desenrolam essas incessantes modificações, das quais a pessoa desperta nada sabe, e das quais, por outro lado, sabe de imediato tão logo seja forçada a tomar conhecimento a respeito? Uma esfera desconhecida, ao interior da qual a ciência até então não ousara avançar, começa a delinear-se vagamente diante dele, de longe ele avista um novo mundo de contornos oscilantes: o inconsciente. E essa "investigação da parte inconsciente da vida psíquica individual"[8] passa a ser doravante a paixão de sua vida. A descida às profundezas começou.

8. Freud, *Totem e tabu*, "O tabu e a ambivalência dos sentimentos", cap. II. (N.T.)

O MUNDO DO INCONSCIENTE

Sempre exige esforço especial querer esquecer algo que se sabe, retroceder artificialmente de um estágio mais elevado da percepção a um estágio mais ingênuo – da mesma forma que, já hoje, transportar-se à maneira de pensar com que o mundo científico de 1900 empregava o conceito de inconsciente. É óbvio que a psicologia anterior, pré-freudiana, também já sabia que nossa atividade anímica de forma alguma se esgota inteiramente com a função consciente da razão, que por trás desta ainda atua uma outra potência, por assim dizer na sombra de nosso ser e de nosso pensar. Só não sabia o que fazer com esse saber, pois jamais tenta realmente transformar esse conceito em ciência e pesquisa. A filosofia daquela época ocupa-se de fenômenos anímicos apenas na medida em que adentram o círculo iluminado da consciência. Mas parece-lhe absurdo – uma *contradictio in adjecto*[1] – pretender transformar algo inconsciente em objeto da consciência. Ela só julga o sentimento como sentimento quando este se torna nitidamente perceptível, a vontade

1. Latim: "contradição no adjetivo". Contradição que surge pela incompatibilidade entre o adjetivo e o substantivo que ele modifica. (N.T.)

como vontade quando esta quer ativamente; porém, enquanto as manifestações anímicas não se elevam acima da superfície da vida consciente, a psicologia as exclui das ciências humanas como não ponderáveis.

Freud incorpora o *terminus technicus* "inconsciente" à psicanálise, mas atribui-lhe um sentido completamente diferente daquele da filosofia acadêmica. Para Freud, o consciente não é o único ato psíquico, e o inconsciente, por consequência, não é uma categoria completamente distinta ou até mesmo subordinada, mas ele acentua com firmeza: todos os atos psíquicos são de início acontecimentos inconscientes; aqueles que se tornam conscientes não representam uma classe diferente nem superior, mas sua entrada na consciência é apenas uma qualidade que lhes é acrescentada de fora, tal como a luz que recai sobre um objeto. Uma mesa continua sendo uma mesa, quer se encontre, invisível, num aposento escuro, quer a lâmpada elétrica acesa a torne perceptível. A luz apenas torna sua existência reconhecível aos sentidos, mas não produz essa existência. Sem dúvida: nesse estado de perceptibilidade aumentada, podemos medi-la com maior precisão do que no escuro, embora também aí tivesse sido possível fazer uma certa constatação delimitadora de sua natureza com um outro método, o do tatear e do tocar. Mas, sob o aspecto lógico, a mesa invisível no escuro pertence ao mundo dos corpos tanto quanto a mesa visível e, por isso, na psicologia, o inconsciente pertence ao espaço psíquico tanto quanto o consciente. Assim, para Freud, "inconsciente" não significa mais, pela primeira vez, insabível, e, nesse novo sentido, adentra o círculo da ciência. Graças a essa surpreendente exigência freudiana de tatear com uma nova atenção e outro aparelho metodológico – o sino de mergulhador de sua psicologia das profundezas – abaixo da superfície da consciência, iluminando não apenas a superfície dos fenômenos anímicos, mas também seu substrato mais profundo, a psicologia acadêmica volta a ser, finalmente, verdadeira ciência da alma, ciência da vida aplicável na prática e inclusive curadora.

Essa descoberta de um novo espaço de investigação, essa mudança fundamental e essa formidável ampliação do campo de forças anímico são o verdadeiro feito de gênio de Freud. De um golpe, a esfera cognoscível da alma é expandida múltiplas vezes em seu conteúdo até então conhecido e, somando-se à dimensão da superfície, um mundo da profundidade é posto a descoberto para a investigação. Graças a essa única e aparentemente insignificante mudança – as ideias decisivas sempre parecem simples e óbvias *a posteriori* – alteram-se todos os critérios do dinamismo psíquico. E, provavelmente, uma futura história do espírito juntará esse instante criador da psicologia aos grandes e revolucionários instantes que, como no caso de Kant e Copérnico, modificaram toda a visão de pensamento de uma época com um único deslocamento do ângulo intelectual de visão. Pois já hoje sentimos que a imagem de alma das universidades do início do século era tão simplista e tosca, tão falsa e estreita quanto um mapa ptolemaico, que toma uma mísera fração do universo geográfico por nosso cosmos inteiro. Da mesmíssima maneira que aqueles ingênuos cartógrafos, os psicólogos pré-freudianos designam aqueles continentes inexplorados simplesmente como *terra incognita*; "inconsciente" serve-lhes como termo substitutivo para insabível e incognoscível. Em algum lugar, assim suspeitam eles, deve haver um reservatório qualquer do psíquico, escuro e abafado, ao qual escoem nossas memórias inaproveitadas para ali atolarem-se na lama, um armazém em que o esquecido e o inaproveitado na verdade ficam jogados inutilmente, um depósito de material do qual a memória, quando muito, vez por outra traz algum objeto para a consciência. Porém, a visão fundamental da ciência pré-freudiana é e continua sendo esta: esse mundo inconsciente é, por si mesmo, inteiramente passivo, inteiramente inativo, apenas vida decrépita, extinta, um passado sem importância e, assim, sem qualquer influência, sem qualquer poder sobre nosso presente mental.

A essa concepção, Freud contrapõe a sua: o inconsciente não é de modo algum detrito da vida anímica, e sim a própria matéria-prima, da qual apenas uma ínfima parte alcança a superfície iluminada da consciência. Mas a parte principal que não aparece, o chamado inconsciente, não está, por isso, de forma alguma extinta ou é despojada de dinamismo. Na verdade, ela atua de maneira exatamente tão ativa e viva sobre o nosso pensar e o nosso sentir, chegando inclusive a representar, talvez, a parte mais plasticamente viva de nossa existência anímica. Por isso, vê de modo errôneo quem não inclui o querer inconsciente no cálculo em todas as decisões, pois assim deixa fora da conta o incitamento mais essencial de nossas tensões interiores; assim como não se pode avaliar a energia de propulsão de um iceberg segundo a fração dele que aparece acima da água (a verdadeira energia cinética permanece escondida sob a superfície), engana-se quem supõe que nossos pensamentos claros como o dia e nossas energias cognitivas determinam sozinhos nosso sentir e agir. Nossa vida inteira não flutua livremente no elemento do racional, mas encontra-se sob a constante pressão do inconsciente; cada instante traz para dentro de nosso dia vivo uma onda que vem de passados aparentemente esquecidos. Nosso mundo acima da superfície não pertence à vontade desperta e à razão planejadora na medida onigrandiosa que julgamos, mas, daquela nuvem escura, brilham os raios das verdadeiras decisões, do abismo daquele mundo dos impulsos provêm os súbitos tremores de terra que abalam nosso destino. Lá embaixo encontra-se aglomerado lado a lado o que na esfera consciente é separado pelas fronteiras vítreas das categorias de espaço e tempo; desejos de uma infância desaparecida, que julgamos há muito sepultados, ali circulam com avidez e, por vezes, irrompem ardente e famintamente em nosso dia; susto e medo, há muito esquecidos na mente desperta, fazer retumbar seus gritos repentina, inesperadamente pela rede dos nervos acima; apetites e desejos, não apenas do próprio passado, mas de gerações apodrecidas e ancestrais bárbaros, enredam-se ali feito raízes em nosso ser. Do abismo provêm nossos atos mais genuínos; do que é segredo para nós mesmos, as iluminações súbitas, o poder superior a nosso poder. Desconhecido para nós próprios, habita ali no crepúsculo aquele eu antiquíssimo, do qual nosso eu civilizado nada mais sabe ou não quer saber; mas, de súbito, ele se ergue e rompe as delgadas camadas da cultura, e seus instintos, os arcaicos e indomáveis, afluem então perigosamente em nosso sangue, pois a vontade primordial do inconsciente é ascender rumo à luz, tornar-se consciente e descarregar-se em atos: "Por que existo, também tenho de ser ativo". A cada segundo, a cada palavra que dizemos, a cada ato que praticamos temos de reprimir, ou antes premir de volta, moções inconscientes; sem cessar, nosso sentimento ético ou civilizatório tem de defender-se contra a bárbara vontade de prazer dos instintos. E assim – grandiosa visão, invocada por Freud pela primeira vez – toda a nossa vida anímica se mostra como uma luta interminável, ininterrupta e patética entre o querer consciente e o querer inconsciente, entre o agir responsável e a irresponsabilidade de nossos impulsos. Mas mesmo o que é aparentemente inconsciente tem em cada uma de suas manifestações, ainda que nos permaneçam incompreensíveis, um sentido determinado; tornar reconhecível a cada indivíduo esse sentido de suas moções inconscientes é o que Freud exige como a futura tarefa de uma nova e necessária ciência da alma. Apenas quando conseguimos iluminar as regiões subterrâneas de uma pessoa ficamos conhecendo seu mundo emocional: apenas quando descemos até o subsolo de uma alma podemos determinar a verdadeira razão de suas turbações e perturbações. O que o ser humano sabe conscientemente não lhe precisa ser instruído pelo psicólogo e pelo psicoterapeuta. Apenas quando não conhece seu inconsciente é que o médico da alma pode vir a ser-lhe um verdadeiro ajudante.

Porém, como descer a esses reinos crepusculares? A ciência contemporânea não conhece caminho algum. Nega rudemente a possibilidade de conseguir apreender fenômenos do subconsciente usando seus aparelhos ajustados com uma precisão mecânica. Por isso, a antiga psicologia podia fazer suas investigações apenas à luz do dia, apenas no mundo da consciência. Porém, passava com indiferença e sem olhar pelo indivíduo sem fala ou que falasse apenas com uma linguagem onírica. Freud quebra essa concepção como se fosse madeira podre e a joga a um canto. Segundo sua convicção, o inconsciente não é mudo. Ele fala, ainda que com caracteres e símbolos diferentes daqueles da linguagem consciente. Por isso, quem quiser descer de sua superfície até as próprias profundezas necessitará, em primeiro lugar, aprender a língua desse novo mundo. Tal como fizeram os egiptólogos com a Pedra de Roseta, Freud começa a traduzir isoladamente caractere após caractere, a elaborar um vocabulário e uma gramática dessa língua do inconsciente a fim de tornar compreensíveis aquelas vozes que vibram, admoestando ou atraindo, por trás de nossas palavras e de nosso estado de vigília, e às quais sucumbimos, na maioria das vezes, mais seduzidos do que pela vontade manifestada em alto e bom som. Mas quem compreende uma nova língua, apreende também um novo sentido. Assim, o novo método freudiano da psicologia profunda abre um mundo mental desconhecido: apenas graças a esse método a psicologia científica se torna, de mera observação dos processos conscientes pelo viés da teoria do conhecimento, naquilo que sempre deveria ter sido: ciência da alma. Um dos hemisférios do cosmos interior não se encontra mais, desapercebido, na sombra lunar da ciência. E, à medida que os primeiros contornos do inconsciente se iluminam significativamente, revela-se de maneira cada vez mais segura uma nova visão da grandiosa estrutura, plena de sentido, de nosso mundo mental.

Interpretação dos sonhos

Comment les hommes ont-ils si peu réfléchi jusqu'alors aux accidents du sommeil, qui accusent en l'homme une double vie! N'y aurait-il pas une nouvelle science dans ce phénomène? [...] il annonce au moins la désunion fréquente de nos deux natures. J'ai donc enfin un témoignage de la supériorité qui distingue nos sens latents de nos sens apparents.[1]

Balzac, Louis Lambert, 1833

O inconsciente é o mais profundo segredo de cada pessoa: ajudá-la a revelá-lo é a tarefa que a psicanálise se coloca. Mas como se revela um segredo? De três maneiras. Pode-se arrancar à força de uma pessoa o que ela esconde: não é à toa que séculos mostraram como abrir, por meio de tortura, mesmo lábios obstinadamente fechados. Além disso, pode-se adivinhar o que está escondido mediante dedução, aproveitando-se os brevíssimos instantes em que seu contorno fugaz – como o dorso de um golfinho acima da superfície impenetrável do mar – emerge por um segundo da escuridão. E,

1. Francês: "Quão pouco os homens refletiram até este momento sobre os acidentes do sono, que revelam no homem uma vida dupla! Não haveria uma nova ciência nesse fenômeno? [...] ele anuncia, quando menos, a desunião frequente de nossas duas naturezas. Tenho, pois, finalmente um testemunho da superioridade que distingue nossos sentidos latentes de nossos sentidos aparentes". (N.T.)

por fim, pode-se aguardar com grande paciência pela ocasião em que o conteúdo silenciado, em estado de vigilância relaxada, dá com a língua nos dentes.

A psicanálise pratica essas três técnicas alternadamente. De início, ela tentou fazer o inconsciente falar à força mediante coação da vontade na hipnose. O fato de o ser humano saber mais de si mesmo do que admite conscientemente para si e para outros era desde sempre bem conhecido da psicologia, mas ela não sabia como chegar a esse subconsciente. Apenas o mesmerismo mostrou que em estado de sonolência artificial muitas vezes é possível tirar mais de uma pessoa do que em estado desperto. Visto que a pessoa de vontade anestesiada no estado de transe não sabe que fala diante de outras, visto que nesse estado suspenso acredita estar sozinha consigo mesma no espaço do mundo, ela delata sem suspeitar seus mais profundos desejos e segredos. Por isso, a hipnose parecia de início o método mais promissor; logo, porém (por razões cuja menção iria longe demais nos detalhes), Freud desiste dessa maneira de invadir com violência o inconsciente como sendo algo imoral e infrutífero: como a justiça, em seu estágio mais humano, renuncia voluntariamente à tortura a fim de substituí-la pela arte de malhas mais finas do interrogatório e da prova de indícios, assim a psicanálise passa da primeira época violenta da extorsão de confissões àquela do adivinhar dedutivo. Todo animal selvagem, por mais esquivo e lépido que seja, deixa rastos. E exatamente como o caçador infere o modo de andar e a espécie do bicho buscado a partir da mais ínfima pegada, assim como o arqueólogo constata a partir da estilha de um vaso o caráter da geração de toda uma cidade soterrada, dessa forma a psicanálise pratica, em sua época mais avançada, sua arte detetivesca naqueles sinais do presente, com feitio de rastos, pelos quais a vida inconsciente se denuncia dentro da vida consciente. Já nas primeiras pesquisas em busca de tais pequenas alusões, Freud descobriu uma pista assombrosa: os chamados atos falhos. Na categoria de atos falhos (para o novo conceito, Freud sempre encontra também o termo certeiro como um tiro no coração), a psicologia profunda reúne todos aqueles fenômenos peculiares que a maior e mais antiga mestra da psicologia, a língua, há muito havia reconhecido como grupo uniforme e por isso caracterizara uniformemente com a sílaba *ver-*, ou seja, *Ver-sprechen*, *Ver-lesen*, *Ver-schreiben*, *Ver-wechlsen*, *Ver-gessen*, *Ver-greifen*.[2] Fatos minúsculos, sem dúvida: cometemos lapsos de fala, pronunciamos uma palavra no lugar de outra, pegamos um objeto em lugar de outro, cometemos lapsos de escrita, escrevemos uma palavra no lugar da outra – tal erro acontece a cada pessoa dúzias de vezes ao dia. Mas como se produzem esses diabolismos dos erros tipográficos[3] na vida cotidiana? Qual é a causa

2. Essa uniformidade não se conserva em português, já que *Versprechen* = lapso de fala, *Verlesen* = lapso de leitura, *Verschreiben* = lapso de escrita, *Verwechseln* = confusão, equívoco, *Vergessen* = esquecimento e *Vergreifen* = engano, "lapso no pegar (algo)". (N.T.)

3. O termo inventado pelo autor, *Druckfehlerteufeleien*, deriva-se de *Druckfehlerteufel*, o "diabo dos erros tipográficos", nome zombeteiro dado pelos tipógrafos para a entidade supostamente responsável por esse tipo de lapso. (N.T.)

dessa rebelião da matéria contra a nossa vontade? Nada – acaso ou fadiga, respondia a velha psicologia quando se dignava dar alguma atenção a insignificantes erros do cotidiano desse gênero. Irreflexão, distração, desatenção. Mas Freud aborda o assunto de modo mais incisivo: o que é a desatenção senão justamente isto, não ter os pensamentos ali onde se quer tê-los? E quando não realizamos a intenção pretendida, como sucede que uma outra, não pretendida, tome seu lugar? Por que a pessoa diz uma palavra diferente da tencionada? Visto que no ato falho se efetua outro ato em lugar do desejado, alguém deve ter se intrometido, consumando-o de modo tão inesperado. Tem de haver um alguém que escolha essa palavra errônea no lugar da certa, que esconda o objeto que se quer encontrar, que coloque perfidamente na mão da pessoa a coisa errada em vez daquela buscada de modo consciente. Bem, Freud não reconhece (e essa ideia domina toda a sua metodologia) em parte alguma do âmbito anímico algo desprovido de sentido, algo meramente casual. Para ele, todo acontecimento psíquico tem um sentido determinado, todo agir tem seu autor; e, visto que nesses atos falhos não aparece em ação o consciente de uma pessoa, mas este é recalcado, que outra coisa poderá ser essa força recalcadora senão o inconsciente, por longo tempo e em vão buscado? Ato falho não significa, portanto, irreflexão para Freud, e sim o impor-se de um pensamento recalcado. Um algo se expressa no "lapso" de fala, no "lapso" de escrita, no "lapso" ao pegar que nossa vontade desperta não quis que tomasse a palavra. E esse algo fala a língua desconhecida, e que caber primeiro aprender, do inconsciente.

Com isso fica esclarecido um elemento fundamental: em primeiro lugar, em todo ato falho, em tudo o que se faz de modo aparentemente errôneo expressa-se algo que no fundo se quis. E, em segundo lugar: na esfera consciente da vontade precisa ter atuado uma resistência contra essa expressão do inconsciente. Quando, por exemplo (escolho os próprios exemplos de Freud), um professor diz, num congresso, sobre o trabalho de um colega: "Não podemos subestimar o bastante essa descoberta", sua intenção inconsciente[4] por certo era dizer "superestimar", mas no seu íntimo ele pensou "subestimar". O ato falho torna-se o delator de sua verdadeira atitude, revela tagarelamente para seu próprio horror o segredo de que, em seu interior, preferia degradar a exaltar o feito do colega. Ou quando aquela senhora com conhecimentos turísticos se queixa, num passeio pelas Dolomitas, de que sua blusa e sua camisa estavam encharcadas de suor, prosseguindo assim: "Mas quando então se chega em calça[5] e se pode trocar de roupa" – quem não compreende aí que ela queria originalmente fazer um relato mais completo e informar ingenuamente que encharcara de suor a blusa, a camisa e a calça! O conceito "calça" estava prestes a ganhar forma de palavra – e então, no último instante, ela se torna consciente da impertinência da situação apresentada, essa consciência se posta ante a palavra e a recalca. Mas a vontade subterrânea não

4. "Consciente" faria mais sentido aqui; parece tratar-se de um lapso do próprio autor (ou então de um exemplo brincalhão, que passa sem maiores comentários, de como os lapsos se introduzem facilmente no fluxo da escrita). (N.T.)

5. *Hose* no lugar de *Haus*, "casa". (N.T.)

foi completamente derrotada e, assim, aproveitando-se da confusão momentânea, a palavra entra como "ato falho" na frase seguinte. No lapso de fala a pessoa diz o que na verdade não queria dizer, mas o que realmente pensou. Ela esquece o que interiormente queria de fato esquecer. Perde o que desejava perder. Quase sempre, um ato falho significa confissão e autodelação.

Essa descoberta psicológica de Freud, insignificante quando comparada a seus verdadeiros achados, foi, dentre todas as suas observações, a mais unanimemente reconhecida pelo fato de ser a mais engraçada e a menos escandalosa: em sua doutrina, ela produz apenas uma força de transição. Pois esses atos falhos ocorrem com relativa raridade, fornecem apenas fragmentos do subconsciente do tamanho de átomos, em número demasiado pequeno e por demais espalhados no tempo para que se pudesse a partir deles montar um mosaico completo. Mas, obviamente, a curiosidade observadora de Freud prossegue sondando a partir desse ponto toda a superfície de nossa vida psíquica em busca de outros fenômenos "sem sentido" desse gênero e que fossem interpretáveis sob essa nova perspectiva. E ele não precisa procurar longe para topar com algo frequentíssimo em nossa vida psíquica, igualmente considerado sem sentido e até mesmo como o sem sentido típico. Mesmo o uso da linguagem, afinal, designa o sonho, esse visitante diário de nosso sono, como invasor confuso e vagabundo fantástico no caminho em geral logicamente claro de nosso cérebro: sonhos são espumas![6] Eles são

6. Tradução literal de uma expressão rimada alemã: *Träume sind Schäume.* (N.T.)

considerados um nada oco, colorido e inflado sem propósito nem sentido, uma miragem do sangue, e suas imagens não "significam" nada. A pessoa não tem nada a ver com seus sonhos, é inocente em relação a essas simplórias brincadeiras de duende de sua fantasia, argumenta a velha psicologia, recusando toda interpretação racional: envolver-se numa conversa séria com esse mentiroso e louco, o sonho, não tem sentido nem valor para a ciência.

Mas quem fala, imagina, descreve, age e cria formas em nossos sonhos? A mais remota pré-história já suspeitava que quem aí fala, age e quer é alguém diferente de nosso eu desperto. A Antiguidade já declarava a respeito dos sonhos que eles seriam "inspirados", colocados em nós por alguma potência superior. Mostrar-se-ia nesse caso uma vontade sobrenatural, ou – caso ousemos a palavra – sobre-egoica. Mas, para toda vontade extra-humana, o mundo mítico conhecia apenas uma interpretação: os deuses! Pois quem senão eles tinha a força metamórfica e o poder supremo? Eram eles, normalmente invisíveis, que se aproximavam dos seres humanos em sonhos simbólicos, sussurravam-lhes mensagens e enchiam suas mentes de pavor ou de esperança, esboçando na parede negra do sono, de modo admoestador ou invocador, aquelas imagens multicoloridas. Visto que acreditavam ouvir uma voz sagrada, uma voz divina nessas revelações noturnas, todos os povos da pré-história aplicaram seu máximo fervor em compreender humanamente essa língua dos deuses, o "sonho", a fim de nela discernir a vontade divina. Assim, nos primórdios da humanidade, como uma das primeiríssimas ciências, encontra-se a interpretação dos sonhos: antes de cada batalha, antes de cada decisão, a cada manhã após uma noite atravessada por sonhos estes são examinados pelos sacerdotes e sábios, e seus acontecimentos são interpretados como símbolos de um bem vindouro ou um mal iminente. Pois a antiga arte de interpretar sonhos acredita – em grande oposição àquela da psicanálise, que visa desvendar o passado de uma pessoa – que nessas fantasmagorias os imortais revelem o futuro aos mortais. Assim, essa ciência mística floresce por milênios nos templos dos faraós, nas acrópoles da Grécia, nos santuários de Roma e sob o céu abrasador da Palestina. Para centenas e milhares de gerações e povos, o sonho era o mais veraz intérprete do destino.

A nova ciência, a ciência empírica, obviamente rompe de maneira brusca com essa concepção por considerá-la supersticiosa e ingênua. Visto que não reconhece deuses e dificilmente reconhece o divino, ela não vê nos sonhos uma mensagem vinda do alto nem qualquer outro sentido. Para ela os sonhos são um caos, são desprovidos de valor por serem desprovidos de sentido, um mero ato fisiológico, um ecoar atonal e dissonante das excitações dos nervos, bolhas e gases do cérebro congestionado de sangue, um derradeiro resíduo sem valor dos restos de impressões não digeridas durante o dia, arrastadas consigo pela onda negra do sono. Naturalmente, faltaria a tal mixórdia movediça qualquer sentido lógico ou anímico. Por isso, a ciência não reconhece verdade nem finalidade, lei ou importância nas sequências de imagens dos sonhos; por isso, sua psicologia não busca de modo algum atribuir sentido a algo sem sentido, interpretar algo sem significação.

Apenas com Freud recomeça – após dois ou três mil anos – uma avaliação positiva do sonho como um ato revelador do destino. Mais uma vez, a psicologia das profundezas reconheceu um agir regrado ali onde as outras supunham haver somente um caos, uma agitação sem regras: o que a seus predecessores parecia um enredado labirinto sem saída e sem finalidade, parece-lhe a *via regia*, a rua principal ligando a vida inconsciente e a consciente. O sonho serve de medianeiro entre o nosso mundo emocional em segundo plano e aquele submetido ao nosso entendimento: graças a ele, podemos saber de muitas coisas que nos recusamos a saber quando despertos. Não há sonho, afirma Freud, que seja inteiramente sem sentido; cada um deles, como ato psíquico de plena validade, tem um sentido determinado. Cada um é manifestação, não de um querer mais elevado, divino e extra-humano, é verdade, mas, com frequência, da vontade mais íntima, mais secreta do ser humano.

Contudo, esse mensageiro não fala nossa língua usual, não aquela da superfície, e sim a língua da profundidade, da natureza inconsciente. Por isso, não compreendemos logo seu sentido e sua missão: primeiro temos de aprender a interpretá-los. Uma nova ciência, ainda por ser criada, tem de nos ensinar a reter, a identificar e a retraduzir ao nível do compreensível o que ali desliza na negra parede do sono, em velocidades cinematográficas, sob a forma de imagens. Pois como todas as primitivas protolínguas da humanidade, como a dos egípcios e caldeus e mexicanos, a língua do sonho expressa-se exclusivamente por imagens, e a cada vez nos encontramos diante da tarefa de reinterpretar seus símbolos imagéticos em conceitos. Essa transposição da linguagem dos sonhos em linguagem dos pensamentos é empreendida pelo método freudiano com uma nova intenção, uma intenção caracterológica. Se a antiga interpretação dos sonhos, a interpretação profética, queria sondar o futuro de uma pessoa, a interpretação dos sonhos nascente, a interpretação psicológica, busca sobretudo descobrir o passado psicobiológico do ser humano e, assim, o seu mais recôndito presente. Pois é apenas em aparência que o eu que somos no sonho é o mesmo de nossa vida desperta. Posto que o tempo não vige no sonho (não é por acaso que dizemos "rápido como no sonho"), nele somos simultaneamente tudo o que uma vez fomos e agora somos, criança e adolescente, a pessoa de ontem e de hoje, o eu completo, portanto, a soma total não só de nossa vida, mas também do que foi vivido, ao passo que na vida desperta percebemos apenas o nosso eu momentâneo. Toda vida, portanto, é vida dupla. Lá no fundo do inconsciente somos a nossa totalidade, o outrora e o hoje, homem primitivo e homem aculturado num sentimento misturado confusamente, restos arcaicos de um eu mais vasto ligado à natureza; em cima, sob a luz clara e ofuscante, somos apenas o consciente eu temporal. E dessa vida universal, mas mais indistinta, nosso ser meramente temporal recebe notícia quase que apenas durante a noite graças a esse misterioso mensageiro envolto em trevas – o sonho: o mais essencial que de nós próprios temos alguma noção, sabemo-lo graças a ele. Por isso, escutá-lo, compreender sua mensagem significa tomar conhecimento de nossa particularidade mais particular. Apenas quem conhece sua vontade não apenas no espaço desperto, mas também nas profundezas de seus sonhos sabe verdadeiramente a respeito daquela soma de vida vivida e temporal que chamamos de nossa personalidade.

No entanto, como descer uma sonda a tais profundezas inescrutáveis e imensuráveis? Como reconhecer com nitidez o que jamais se mostra de modo claro, o que apenas tremula confusamente à maneira de máscaras pelos corredores de sombras de nosso sono, o que apenas pronuncia oráculos em vez de falar? Encontrar uma chave neste caso, a cifra desenfeitiçadora que traduza a inapreensível língua imagética do sonho para a língua de vigília, parece requerer magia, uma intuição verdadeiramente clarividente. Mas, em sua oficina psicológica, Freud tem uma gazua que lhe permite abrir todas as portas; ele pratica uma metodologia quase infalível: sempre que quer alcançar o arquicomplicadíssimo, ele parte do arquiprimitivíssimo. Ele sempre coloca a forma primordial ao lado da forma final; sempre e em toda parte, ele tateia primeiro descendo até as raízes para então compreender a flor. Por isso, Freud começa sua psicologia onírica na criança em vez de começá-la no homem desperto altamente cultivado. Pois na consciência infantil ainda há poucas coisas justapostas no espaço das representações, o círculo do pensamento ainda é limitado, a associação ainda é débil e o material onírico, portanto, abarcável. No caso do sonho infantil exige-se apenas um mínimo de arte interpretativa para, dada uma camada tão tênue de pensamento, penetrar com a vista a base anímica dos sentimentos. Uma criança passou diante de uma loja de chocolates, os pais negaram-se a comprar-lhe alguma coisa – então a criança sonha com chocolate. Completamente sem filtros, completamente sem cores, no cérebro das crianças a ânsia se transforma em imagem, o desejo se transforma em sonho. Ainda falta qualquer inibição espiritual, moral, pudica e intelectual, qualquer previsão e qualquer consideração. Com a mesma naturalidade com que a criança mostra a qualquer pessoa o seu exterior, o seu corpo despido e insciente da vergonha, assim ela também mostra sem disfarces seus desejos íntimos no sonho.

Desse modo, uma futura interpretação já está em certa medida pré-elaborada. As imagens simbólicas do sonho ocultam, portanto, na maioria das vezes, desejos não realizados, recalcados, que não puderam se concretizar durante o dia e que agora anseiam retornar para a nossa vida pela estrada do sonho. O que durante o dia, por qualquer razão, não pôde se tornar ato ou palavra, expressa-se aí imaginativa e descritivamente em coloridas fantasias; despidos e despreocupados, todos os desejos e todas as aspirações do eu interior podem saltitar brincalhonamente na torrente não vigiada do sonho. De uma maneira que parece completamente desinibida – logo Freud corrigirá esse erro –, goza nele o que na vida real não pode se impor, os desejos mais sombrios, os apetites mais perigoso e mais proibidos; nessa região inacessível, a alma cerceada durante o dia pode enfim descarregar todas as suas tendências sexuais e agressivas: no sonho o homem pode abraçar e violar a mulher que a ele se recusa durante a vigília, o mendigo pode apoderar-se de riquezas, a pessoa feia pode envolver-se numa bela pele, o velho pode rejuvenescer, o desesperado pode se tornar feliz, o esquecido pode se tornar famoso, o fraco pode se tornar forte. Somente aí a pessoa pode matar seu adversário, subjugar seu superior e, por fim, de maneira divinamente livre e desimpedida, viver extaticamente a mais íntima vontade de seus sentimentos. Todo sonho, pois, não é outra coisa senão um desejo da pessoa reprimido durante o dia ou mesmo diante de si própria: assim parece soar a fórmula inicial.

O público mais amplo ficou parado nessa primeira constatação provisória de Freud, pois esta fórmula, a de que o sonho é igual a desejo não vivido, pode ser manejada com tamanha simplicidade de pensamento e comodidade que é possível brincar com ela como se fosse uma bola de gude. E, de fato, certos círculos creem praticar análise séria dos sonhos quando se entretêm com o divertido jogo de salão de sondar cada sonho quanto a seu simbolismo de desejos e, se possível, a seu simbolismo sexual. Na realidade, ninguém senão precisamente Freud contemplou e, vez após vez, celebrou com o maior respeito a multiplicidade de malhas do tecido onírico e o misticismo cheio de arte de seus padrões entrelaçados. Sua desconfiança em relação a resultados demasiado rápidos não precisou de muito tempo para perceber que aquela abrangível aspiração única e aquela imediata compreensibilidade valiam apenas para o sonho infantil, pois, no adulto, a fantasia criadora de imagens já se serve de um formidável material simbólico de associações e lembranças. E aquele vocabulário de imagens que no cérebro infantil abrange no máximo algumas centenas de representações isoladas, reúne neste caso, com destreza e rapidez incompreensíveis, milhões e talvez bilhões de momentos vividos formando as tramas mais emaranhadas. Desaparece no sonho do adulto aquela nudez despudorada e aquela ausência de véus da alma infantil que mostrava seus desejos sem inibição, desaparece a tagarelice despreocupada daquelas anteriores brincadeiras noturnas com imagens, pois o sonho do adulto não só se comporta de maneira mais diferenciada que o da criança, mas também de modo mais refinado, mais traiçoeiro, mais insincero e mais hipócrita: ele se tornou semimoral. Mesmo nesse mundo ilusório privado, o eterno Adão no ser humano perdeu o paraíso da ingenuidade, ele tem ciência do seu bem e do seu mal até lá no fundo do sonho. A porta que conduz à consciência social, à consciência ética, não está mais completamente fechada nem mesmo no sono e, de olhos fechados, com os sentidos incertos, a alma do ser humano teme ser flagrada pelo seu disciplinador interno, a consciência moral – o supereu, como Freud o chama –, em desejos ilícitos, em atos oníricos criminosos. Ou seja, o sonho não traz suas mensagens das profundezas do inconsciente por uma via aberta, desimpedida e desvendada, mas contrabandeia-as por caminhos secretos com os mais extravagantes disfarces. Por isso, Freud adverte expressamente para que não se tome aquilo que o sonho relata pelo seu conteúdo real. Um sentimento *quer* se expressar no sonho do adulto, mas não *ousa* expressar-se *francamente*. Por medo do "censor", ele se expressa apenas por meio de desfigurações intencionais e bastante refinadas, sempre coloca em primeiro plano coisas absurdas a fim de não permitir que se descubra seu sentido genuíno: como todo poeta, o sonho é um mentiroso veraz, isto é: ele confessa *sub rosa*[7], ele revela uma vivência interior, mas apenas mediante símbolos. Cabe, pois, distinguir cuidadosamente duas camadas: aquilo que o sonho "poetou" com fins de disfarce, o chamado "trabalho do sonho", e aquilo que ele oculta de elementos vivenciais verdadeiros por trás desses véus multicoloridos: o "conteúdo onírico". A tarefa da psicanálise passa a ser, pois, desenredar a emaranhada trama das desfigurações e, nesse romance baseado em fatos reais – todo sonho é "poesia e verdade"[8] –, pôr a descoberto a verdade, a confissão real e, assim, o cerne factual. Não o que o sonho diz, e sim o que no fundo *queria* dizer é o que conduz ao espaço inconsciente da vida anímica. Apenas neste espaço se encontra a profundidade a que a psicologia das profundezas aspira.

No entanto, se Freud atribui importância especial à análise dos sonhos para a sondagem da personalidade, não defende de modo algum uma vaga interpretação dos sonhos. Freud exige um processo de investigação cientificamente preciso, semelhante àquele usado pelo pesquisador de literatura para abordar uma criação poética. Tal como o germanista tenta

7. Latim: "sob a rosa", isto é, em segredo. A rosa era o símbolo medieval da discrição, sobretudo em confessionários. (N.T.)

8. Título da autobiografia de Goethe. (N.T.)

separar o ingrediente fantasioso do verdadeiro motivo vivencial e questiona o que levou o poeta justamente a essa forma de configuração – assim como reconhece, por exemplo, que o fator impulsionante do episódio de Gretchen é a vivência, deslocada, com Friederike[9] –, da mesma maneira o psicanalista busca na criação e na condensação oníricas o afeto impulsionante de seu paciente. A imagem de uma personalidade mostra-se a ele da maneira mais nítida a partir de suas criações; aqui, como sempre, Freud reconhece o ser humano da mais profunda maneira no estado produtivo. Porém, como o conhecimento da personalidade tem de ser a autêntica meta do psicanalista, cabe-lhe examinar a substância poética de cada pessoa, o seu material onírico: se nisso se precaver de exageros, se resistir à tentação de introduzir um sentido seu, poderá obter em muitos casos pontos de apoio importantes quanto à estratificação interior da personalidade. Não resta dúvida de que a antropologia deve a Freud um valioso estímulo por essa descoberta produtiva do sentido psíquico de muitos sonhos; mas, indo além disso, ele conseguiu algo ainda mais importante no curso de sua investigação, a saber, pela primeira vez interpretar o sentido biológico do fenômeno onírico como uma necessidade psíquica. A ciência havia constatado há muito o que o sono significa na economia da natureza:

---

9. Friederike Brion, filha de um pastor protestante da Alsácia e amor juvenil de Goethe. Apesar de muito amar a moça, o poeta terminou por abandoná-la, recriminando-se mais tarde por isso. Os estudos goethianos contemporâneos relativizam a importância desse fator na construção da personagem do *Fausto*. (N.T.)

o repouso renova as energias esgotadas pela atividade do dia, renova a substância nervosa consumida e queimada, interrompe o fatigante trabalho consciente do cérebro graças a um turno de descanso. Em consequência disso, a mais perfeita forma higiênica do sono teria de ser, na verdade, um nada completamente negro, um soçobrar semelhante à morte, um cessar de toda atividade cerebral, não ver, não saber, não pensar: por que, pois, a natureza não concedeu ao ser humano essa forma de relaxamento aparentemente mais adequada? Por que ela, sempre sensata, pôs magicamente nessa parede negra um jogo de imagens tão incitante, por que ela interrompe toda noite o completo nada, esse afluir ao nirvana, com aparências tremeluzentes e tentadoras da alma? Para que os sonhos? Eles na verdade não impedem, confundem, atrapalham e inibem o relaxamento tão sabiamente inventado, não são eles, que aparentemente são destituídos de sentido, inclusive um contrassenso da natureza, de outro modo sempre objetiva e amplamente planejadora? Até então, a ciência da vida não tinha resposta a essa pergunta bastante natural. Freud constata pela primeira vez que os sonhos são necessários para a estabilização de nosso equilíbrio anímico. O sonho é uma válvula para a nossa energia emocional. Pois em nosso limitado corpo terreno, afinal, há uma cobiça demasiado prepotente, uma imensurabilidade de avidez de prazer e anseio de viver e, dessa miríade de desejos, quão poucos a pessoa mediana de fato consegue satisfazer em seu dia burguesamente delimitado? Nem um milésimo da vontade de prazer se realiza em cada um de nós; assim, mesmo no peito do mais miserável pequeno rentista, morador de asilo ou diarista, um anseio insaciado e insaciável impele rumo ao infinito. Maus desejos fermentam exuberantemente em todos: vontade impotente de poder, anseio anárquico rechaçado e covardemente deformado, vaidade, ardor e inveja distorcidos. Todos os dias, incontáveis mulheres estimulam ao passar uma breve cupidez, e todo o querer e querer ter não vividos se acumulam, enredados como serpentes e com línguas venenosas, no subconsciente, do matinal toque do sino até a noite. Não teria a alma de rebentar sob tal pressão atmosférica, ou então incorrer subitamente em atos de violência assassina, se durante a noite o sonho não providenciasse um escoamento para todos esses desejos represados? Ao soltarmos nos territórios inofensivos do sonho os nossos apetites trancafiados durante o dia, livramo-nos da opressão em nossa vida emocional; nesse vaguear por nós mesmos, desintoxicamos nossa alma de seu abarrotamento tal como libertamos o corpo da intoxicação do cansaço durante o descanso. Nesse mundo ilusório que só nós enxergamos, ab-reagimos todos os nossos atos criminosos do ponto de vista social mediante atos ilusórios inimputáveis em vez de atos imputáveis. Sonho significa sucedâneo do ato, ele poupa-nos muitas vezes o ato, e é por isso que a fórmula de Platão é tão magnificamente magistral: "Os bons são aqueles que se contentam em sonhar com aquilo que os outros realmente fazem".[10] O sonho nos visita não como perturbador da vida, como perturbador do sono, e sim como guardião do sono;

10. *A república*, livro IX. (N.T.)

mediante suas fantasias libertadoras, a alma afasta alucinatoriamente a pressão excessiva de suas tensões ("o que se acumula fundo demais no coração espirra no sonho" – afirma de modo vivaz um dito chinês), de modo que pela manhã o corpo revigorado encontra em si uma alma purificada, respirando livremente, em vez de uma alma sobrecarregada.

Freud reconheceu esse efeito catártico, aliviador da pressão, como o sentido do sonho em nossa vida, um sentido que há muito fazia falta e era negado, e tal solução libertadora vale tanto para o visitante noturno do sono quanto para as formas superiores de todo o fantasiar e devanear, ou seja, também para a poesia e o mito. Pois que outra coisa visa e quer a poesia senão libertar de suas tensões interiores, mediante símbolos, o ser humano sobrecarregado, tirar de seu íntimo as coisas que o oprimem e colocá-las numa zona inofensiva, em que não mais inundem a própria alma! Em toda autêntica obra de arte, criar torna-se um "criar para longe de si", e quando Goethe confessa que Werther se matou por ele, expressa de modo magnificamente vívido que salvou a própria vida ao empurrar o pretendido suicídio para uma figura especular sonhada – psicanaliticamente falando, ele ab-reagiu seu suicídio graças ao de Werther. Mas assim como o indivíduo se liberta de seu peso e seu prazer particulares no sonho, da mesma forma povos inteiros libertam-se de sentimentos de medo e de desejos naquelas criações plásticas que chamamos de mitos e religiões: nos altares de sacrifício purifica-se o apetite interior de sangue refugiado no símbolo; na confissão e na prece, a pressão psíquica se transforma na palavra libertadora. A alma da humanidade – de que outro modo saberíamos algo dela? – sempre se revelou apenas na poesia, como fantasia criadora. Apenas a seus sonhos em forma de religiões, mitos e obras de arte é que devemos um pressentimento de sua força criadora. Por isso, nenhuma ciência da alma – Freud imprimiu esse conhecimento em nossa época – poderá alcançar o aspecto verídico-pessoal de um ser humano se observar apenas o seu agir desperto e responsável: também ela tem de descer às profundezas, onde a essência dele é mito e, precisamente no elemento flutuante da configuração inconsciente, cria a mais verdadeira imagem de sua vida interior.

A TÉCNICA DA PSICANÁLISE

É estranho que o íntimo do ser humano tenha sido considerado apenas de maneira tão precária e tratado de forma tão insípida. Quão pouco ainda se utilizou a física para o espírito e o espírito para o mundo exterior.

Novalis[1]

Em alguns raros pontos de nossa multiforme crosta terrestre, o valioso petróleo irrompe inesperadamente das profundezas em súbita erupção, em alguns o ouro se mostra livremente na areia dos rios, em outros o carvão se apresenta a céu aberto. Mas a técnica humana não espera até que tais ocorrências insuficientes se revelem aqui e ali magnanimamente. Ela não conta com o acaso, mas perfura a terra para fazer as fontes fluírem, abre galerias nas profundezas, sempre mil em vão para chegar apenas uma vez ao valioso minério. Da mesma forma, uma ciência ativa da alma não pode se contentar com aquelas confissões casuais como as que são reveladas apenas à maneira de pistas pelo sonho e pelos atos falhos; também ela precisa empregar uma psicotécnica a fim de chegar à verdadeira camada do inconsciente, uma arte das

1. *Fragmente, Bruchstücke psychologischer Enzyklopädistik, "Es gibt noch keine Psychologie"* [Fragmentos, Fragmentos de enciclopedismo psicológico, "Ainda não existe psicologia"]. (N.T.)

construções subterrâneas que avance até o mais recôndito solo num trabalho mais consequente e mais sistemático. Freud encontrou semelhante método e o chamou de psicanálise.

Esse método não lembra em nada qualquer método precedente da medicina ou da ciência da alma. É inteiramente autóctone e novo, um proceder independente ao lado de todos os outros, uma psicologia além e, por assim dizer, por baixo de todas as anteriores e, por isso, chamada pelo próprio Freud de psicologia profunda. O médico que pretenda aplicá-la necessita de seus conhecimentos universitários em tão escassa medida que logo pôde surgir a questão de saber se uma formação médica especializada seria mesmo necessária ao psicanalista; e, de fato, após muito hesitar, Freud autorizou a chamada "análise leiga", quer dizer, o tratamento por pessoas não graduadas em medicina. Pois o socorrista da alma em sentido freudiano deixa a investigação anatômica ao fisiologista; seu esforço pretende apenas tornar visível algo invisível. Visto que não se busca nada mecanicamente apreensível ou palpável, qualquer aparelhagem é supérflua para ele; da mesma forma que no caso da Ciência Cristã[2], a poltrona em que o médico fica sentado constitui o inteiro instrumental médico dessa terapia da alma. A Ciência Cristã, no entanto, ainda empregava narcó-

2. Misto de religião e medicina mental, fundada em 1866 nos Estados Unidos por Mary Baker Eddy (1821-1910); a vida e a obra de Baker Eddy foram tratadas por Zweig no segundo dos três ensaios de *A cura pelo espírito* (o primeiro foi dedicado a Franz Anton Mesmer, e o terceiro, a Freud). (N.T.)

ticos e anestésicos espirituais em seus tratamentos, injetando na alma desassossegada certos fortificantes como Deus e a credulidade a fim de eliminar o sofrimento. A psicanálise, em contrapartida, evita qualquer intervenção, tanto psíquica quanto física. Pois seu propósito não é *introduzir* algo novo no ser humano, nem um medicamento nem uma crença, mas ela tenta dele *extrair* algo que nele já se encontra. Apenas o conhecimento, o ativo autoconhecimento traz a cura no sentido da psicanálise; apenas quando o doente é reconduzido a si mesmo, à sua personalidade (e não a uma crença banal na saúde), é que se torna senhor e mestre de sua doença. Assim, o trabalho na verdade não ocorre de fora sobre o paciente, mas inteiramente dentro de seu elemento anímico.

Nesse tipo de tratamento, o médico nada traz senão sua experiência vigilante, cautelosamente orientadora. À diferença do clínico, não tem seus medicamentos já preparados, e, à diferença do membro da Ciência Cristã, não tem uma fórmula mecânica: seu autêntico saber não está prescrito e pronto, mas é primeiro destilado a partir do conteúdo de vivências do doente. O paciente, por sua vez, nada traz ao tratamento senão o seu conflito. Mas não o traz abertamente, não o traz de modo evidente, e sim nas mais singulares, nas mais enganadoras embalagens, distorções e dissimulações, de maneira que a essência de sua perturbação não é de início reconhecível para ele nem para o médico. O que o neurótico mostra e confessa é apenas um sintoma. Mas, no âmbito anímico, os sintomas nunca mostram claramente a doença; ao contrário, eles a ocultam, pois segundo a concepção (completamente inovadora) de Freud, as neuroses não têm em si qualquer conteúdo, cada uma delas apenas tem uma causa. O neurótico não sabe o que propriamente o perturba, ou não quer saber, ou não o sabe de modo consciente. Ele empurra há anos para cá e para lá o seu conflito interior sob a forma de tantas ações obsessivas e sintomas diferentes que por fim ele próprio não sabe mais onde de fato se encontra. É neste ponto que o psicanalista intervém. Sua tarefa é auxiliar o neurótico na descoberta do enigma cuja solução ele próprio é. Em "ativo conhecimento a dois", ele sonda junto com o paciente a parede de espelhos dos sintomas em busca dos verdadeiros modelos do distúrbio; passo a passo, ambos retrocedem ao longo de toda a vida psíquica do doente até o definitivo diagnóstico e esclarecimento da desavença interior.

Esse empenho técnico do tratamento psicanalítico lembra de início mais a esfera criminalística do que a médica. Segundo a concepção de Freud, em cada neurótico, em cada neurastênico há um rompimento, ocorrido em algum momento e em algum lugar, da unidade da personalidade, e a primeira medida tem de ser uma averiguação a mais exata possível dos fatos; lugar, momento e manifestação daquele acontecimento interior esquecido ou recalcado têm de ser reconstruídos com a maior precisão possível na memória da alma. Mas já nesses primeiros passos, o método psicanalítico se encontra diante de uma dificuldade que o método jurídico não conhece. Pois no método psicanalítico o paciente é, até um certo grau, tudo ao mesmo tempo. É aquele contra quem o ato foi perpetrado e, ao mesmo tempo, o perpetrador. Em razão de seus sintomas, é promotor e testemunha de acusação e, ao mesmo tempo, o mais obstinado ocultador e obscurecedor dos fatos. Em algum lugar no fundo de si ele está ciente daquele acontecimento e, ao mesmo tempo, nada sabe dele; o que diz sobre o elemento causal não é a causa; não quer saber o que sabe, e o que ele não sabe é, contudo, sabido por ele de alguma maneira. Mas as coisas são ainda mais fantásticas! Esse processo não começa de modo algum apenas agora diante do médico dos nervos, ele na verdade já está em curso no neurótico há anos sem cessar, sem poder chegar a um fim. E o que a intervenção psicanalítica deve atingir em última instância não é outra coisa senão encerrar esse processo; para tal solução, tal resolução, o doente recorre (inconscientemente) ao médico.

No entanto, a psicanálise não tenta conduzir o neurótico, a pessoa que perdeu o caminho em seu labirinto psíquico, de imediato para fora de seu conflito mediante uma formulação rápida. Pelo contrário: de início ela empurra, ela atrai a pessoa perturbada a percorrer todos os seus corredores de vivências e caminhos emaranhados de volta até aquele ponto decisivo onde começou o desvio perigoso. Pois para corrigir a trama errônea num tecido defeituoso, para reatar o fio, o tecelão sempre precisa reposicionar o tear no ponto em que o fio se rompeu. Da mesma forma, o médico da alma precisa inevitavelmente (não há aí nenhum trabalho às pressas com intuições, nenhuma clarividência), a fim renovar por inteiro a continuidade da vida interior, retornar vez após vez ao ponto em que surgiram a fenda e a ruptura devido àquele misterioso ato de violência. Num campo vizinho, Schopenhauer já havia expressado a hipótese de que seria imaginável uma cura completa das perturbações mentais caso se pudesse avançar até o ponto em que ocorreu o choque decisivo na vida representacional; para compreender a murchidão na flor, a investigação precisa descer até as raízes, até o inconsciente. E esse é um caminho longo e tortuoso, um caminho labiríntico cheio de responsabilidade e perigo; tal como um cirurgião se torna cada vez mais cauteloso e mais prudente na operação quanto mais se aproxima do nervo no delicado tecido, assim a psicanálise tateia nessa matéria arquidelicadíssima trabalhosa, lentamente de uma camada de vivências a outra mais profunda. Cada um de seus tratamentos não dura dias e semanas, mas sempre meses, por vezes anos, e exige uma concentração contínua da alma do médico, algo não conhecido nem de longe até agora na medicina, uma concentração de longo prazo, talvez apenas comparável aos exercícios de vontade dos jesuítas. Tudo sucede nesse tratamento sem anotação, sem qualquer instrumento, apenas mediante uma arte da observação distribuída ao longo de amplos períodos de tempo. O paciente deita-se num sofá, de uma maneira que não possa ver o médico sentado atrás dele (para evitar as inibições da vergonha e da consciência), e relata. Mas ele não relata, como na maioria das vezes erroneamente se supõe, numa sequência coerente, ele não faz uma confissão; visto pelo buraco da fechadura, o tratamento ofereceria o mais grotesco espetáculo, pois, por vários meses, nada acontece exteriormente senão que, de duas pessoas, uma fale e a outra escute. O psicanalista instrui expressamente seu paciente a renunciar nesse relato a toda ponderação consciente e a não intervir no processo flutuante como advogado, promotor ou juiz, ou seja, a não querer absolutamente nada, e sim unicamente ceder às ocorrências involuntárias sem refletir (pois essas ocorrências, afinal, não provêm de fora, mas de dentro, a partir do inconsciente). Precisamente aquilo que o paciente acredita dizer respeito à questão é o que ele não deve buscar; pois o que significa no fundo a sua perturbação psíquica senão justamente o fato de não saber qual é a sua "questão", a sua doença? Se soubesse, seria psiquicamente normal, não arranjaria sintomas e não precisaria consultar o médico. Por isso, a psicanálise recusa todos os relatos preparados, tudo o que é escrito, e apenas admoesta o paciente a produzir o máximo possível de lembranças psíquicas de vida de modo bastante frouxo. O neurótico deve extravasar-se pela fala, falar a partir de seu interior, narrar monologicamente, a torto e a direito, misturando alhos e bugalhos, tudo o que estiver lhe passando pela cabeça naquele momento, a coisa aparentemente mais insignificante, pois justamente as ocorrências espontâneas, que não se quer de modo consciente, são as mais importantes para o médico. Somente graças a tais "coisas secundárias" o médico pode se aproximar do principal. Por isso, quer seja falso ou verdadeiro, importante ou desimportante, teatral ou honesto: o principal dever do paciente é contar muito, proporcionar o máximo possível de material de vivências, ou seja, substância biográfica e característica de sua alma.

Então começa a tarefa propriamente dita do analista. A partir do imenso monte de escombros do edifício demolido da vida, trazidos pouco a pouco numa centena de cargas, a partir dessas milhares de lembranças, desses milhares de comentários e narrativas de sonhos, o médico tem de separar a escória de irrelevâncias na peneira psicológica e, graças a um demorado processo de refundição, extrair o genuíno minério de observações: obter a matéria psicanalítica a partir do mero material. Jamais deve reconhecer como plenamente válido, de maneira crédula, a mera matéria-prima do que foi narrado, precisa sempre ter em mente "que as comunicações e ocorrências do doente são apenas distorções do que se busca, alusões, por assim dizer, a partir das quais cabe discernir o que por trás delas se esconde".[3] Pois o vivenciado pelo paciente não é importante para o conhecimento da doença (isso já foi há muito descarregado de sua alma), e sim o que o neurótico *ainda não viveu até o fim*, aquele elemento emocional remanescente que nele se encontra ainda inaproveitado como um bocado não digerido no estômago e que, como esse bocado, preme e pressiona por eliminação, mas é sempre repelido de volta por uma vontade contrária. Com "atenção uniformemente flutuante"[4], o médico precisa tentar determinar, em cada manifestação psíquica, esse elemento inibido e sua inibição, a fim de pouco a pouco chegar a uma suspeita e, da suspeita, chegar à certeza. Mas tal observar calmo, objetivo, de fora, por assim dizer, é-lhe simultaneamente facilitado e dificultado pelo paciente, em especial no início do tratamento, por aquela atitude emocional quase inevitável do doente

3. Freud, *A questão da análise leiga*, parte V. (N.T.)

4. Freud, "Conselhos para o médico ao aplicar o tratamento psicanalítico", 1912. (N.T.)

que Freud chama de "transferência". Antes de ir ao médico, o neurótico carrega por longo tempo consigo esse excesso de sentimento não utilizado, não vivido até o fim, sem alguma vez poder eliminá-lo. Rola-o para cá e para lá por dúzias de sintomas, representa para si mesmo o próprio conflito inconsciente nas mais singulares peças; mas, tão logo encontra no psicanalista, pela primeira vez, um ouvinte e um companheiro atento e profissional, lança de início seu fardo sobre ele como uma bola, busca eliminar seus afetos não utilizados, lançando-os sobre o médico. Seja amor ou ódio, ele entra num certo *rapport* com o psicanalista, numa intensa relação emocional. Pela primeira vez, como numa placa fotográfica, sedimenta-se sob a forma de imagem o que até então, no mundo ilusório, cintilava e se apagava desprovido de sentido, jamais chegando a descarregar-se por inteiro. É só com essa "transferência" que se dá a situação psicanalítica: todo doente que não é capaz dela precisa ser considerado inapto ao tratamento. Pois para diagnosticar o conflito, o médico precisa vê-lo desenrolar-se diante de si de forma emocional, vívida: o paciente e o médico têm de *vivenciá-lo* em conjunto.

Esse vivenciar em conjunto no trabalho psicanalítico consiste em que o doente produza, ou antes, reproduza o conflito e o médico interprete seu sentido. Porém, nessa atribuição de sentido e nessa interpretação ele não pode contar de forma alguma (como se poderia supor apressadamente) com o auxílio do doente; em tudo o que respeita à alma impera discórdia e ambivalência de sentimentos. O mesmo paciente que vai ao psicanalista a fim de livrar-se de sua doença – da qual conhece apenas o sintoma –, aferra-se ao mesmo tempo a ela inconscientemente, pois afinal essa sua doença não constitui um corpo estranho, mas é seu feito mais próprio, seu produto, uma parte ativa e característica de seu eu à qual não quer de forma alguma renunciar. Assim, agarra-se firmemente à sua doença, pois prefere tolerar seus sintomas desagradáveis a tolerar a verdade, que teme e que o médico (no fundo contra a sua vontade) quer explicar-lhe. Visto que sente e argumenta duplamente, ora a partir do consciente e ora a partir do inconsciente, ele é caçador e caça a um só tempo; logo, apenas uma parte do paciente é ajudante do médico, a outra é seu mais encarniçado adversário, e enquanto uma mão parece lhe passar de bom grado confissões furtivamente, a outra confunde e oculta ao mesmo tempo o real estado de coisas. Ou seja, o neurótico não pode de forma alguma ajudar conscientemente seu ajudante, não pode dizer-lhe de forma alguma "a" verdade, pois esse não saber ou não querer saber a verdade é precisamente o que o tirou do equilíbrio e o lançou na perturbação. E mesmo nos momentos em que quer ser honesto, ele mente sobre si mesmo. Por trás de cada verdade sempre se oculta uma verdade mais profunda, e quando alguém confessa, isso muitas vezes só acontece a fim de ocultar algo ainda mais secreto por trás dessa confissão. O gosto por confessar e o pudor jogam aí misteriosamente um com o outro e contra o outro; ora a pessoa que narra se dá e ora se oculta na palavra, e em meio à vontade de confessar intromete-se inevitavelmente a inibição de confessar. Em cada pessoa, algo se contrai como um músculo quando uma outra quer se aproximar de seu derradeiro segredo: por isso, toda psicanálise, na verdade, é luta!

Mas o gênio de Freud sempre sabe como conseguir o melhor ajudante precisamente a partir do mais encarniçado inimigo. Justamente essa resistência torna-se muitas vezes o verdadeiro revelador da confissão que não se quis fazer. Afinal, a um observador de ouvidos sutis a pessoa se revela na fala de duas maneiras: em primeiro lugar, naquilo que diz e, em segundo lugar, naquilo que silencia; por isso, a arte detetivesca freudiana fareja do modo mais seguro a proximidade do segredo decisivo ali onde percebe que o interlocutor quer falar e não pode fazê-lo: a inibição se transforma de modo revelador em ajudante, dá a indicação que aponta o caminho. Quando o doente fala muito alto ou muito baixo, quando fala muito rápido e quando hesita, é o próprio inconsciente que quer falar. E essas muitas pequenas resistências, essas minúsculas oscilações, hesitações, esse falar muito alto ou muito baixo tão logo se chegue nas proximidades de determinado complexo mostram por fim claramente, com a inibição, o elemento inibidor e o inibido, em suma, o buscado conflito, escondido e encoberto.

Pois no decorrer de uma psicanálise sempre se trata de conhecimentos infinitesimalmente pequenos, de estilhaços de vivências a partir dos quais se compõe então pouco a pouco, sob a forma de mosaico, a imagem vivencial interior. Nada mais simplório do que a ideia, domiciliada em salões e às mesas dos cafés, de que lançamos os sonhos e as confissões no psicanalista como numa máquina, giramos uma manivela fazendo algumas perguntas e de imediato sai o diagnóstico. Na verdade, todo tratamento psicanalítico é um processo imensamente complicado, absolutamente não mecânico e inclusive feito com muita arte, antes comparável à restauração, apropriada ao estilo, de um quadro antigo, sujo e repintado por mão canhestra que tem de ser renovado e reavivado milimetricamente, camada por camada, em um admirável trabalho de paciência com uma matéria delicada e valiosa, até que, após a remoção da repintura, por fim venha à luz a imagem original em suas cores naturais. Embora incessantemente ocupado com detalhes, o trabalho construtivo da psicanálise sempre visa o todo, a renovação do conjunto da personalidade: por isso, numa análise verdadeira jamais se pode selecionar apenas um único complexo isoladamente, a inteira vida anímica de uma pessoa precisa sempre ser reconstruída a partir do fundamento. A paciência é, portanto, a primeira qualidade que esse método exige, uma paciência ativa acompanhada de uma atenção do espírito que seja constante, mas, ao mesmo tempo, não manifestamente tensa, pois, sem deixar percebê-lo, o médico precisa dividir o seu escutar imparcial com neutralidade entre aquilo que o paciente conta e aquilo que não conta, e, além disso, olhar de modo atento para as nuances com que relata. Ele precisa confrontar o relato de cada sessão com todos os anteriores a fim de notar que episódios seu interlocutor repete com chamativa frequência, em que pontos sua narrativa se contradiz e, nessa vigilância, nunca deve revelar o que há de intencional em sua curiosidade. Pois tão logo perceba que é espreitado, o paciente perde sua naturalidade

– precisamente aquela naturalidade que, só ela, leva ao breve flamejar fosforescente do inconsciente, graças ao qual o médico reconhece os contornos dessa paisagem anímica desconhecida. Mas, então, ele não pode impor essa interpretação própria a seu paciente, pois, afinal, o sentido da psicanálise é precisamente que o autoconhecimento cresça no doente a partir de dentro, que a vivência seja vivida até o fim. O caso ideal de cura só ocorre quando o próprio paciente por fim reconhece sua manifestação neurótica como supérflua e não dissipa mais suas energias emocionais em ilusões e sonhos, mas as liberta na vida e na ação. Só então a análise dá alta ao doente.

Mas com que frequência – perigosa pergunta! – a psicanálise obtém tal desfecho médico perfeito? Receio que não com demasiada frequência. Pois sua arte de perguntar e escutar exige uma incomum sutileza auditiva do coração, uma elevada clarividência do sentimento, uma liga tão especial das mais valiosas substâncias espirituais que apenas alguém verdadeiramente predestinado, alguém com efetiva vocação de psicólogo pode atuar aqui como auxiliar na cura. A Ciência Cristã e o método Coué[5] podem permitir-se formar meros mecânicos de seu sistema. Aí basta aprender algumas fórmulas de validade universal: "Não há doença", "Sinto-me melhor a cada dia"; com esses conceitos grosseiramente moldados a martelo, mesmo mãos duras podem, sem perigo

5. Técnica de psicoterapia elaborada pelo farmacêutico francês Émile Coué (1857-1926) e que consiste em alcançar um equilíbrio orgânico e psíquico mediante a autossugestão. (N.T.)

especial, bater por tanto tempo em almas débeis até que o pessimismo da doença esteja totalmente despedaçado. No tratamento psicanalítico, porém, o médico verdadeiramente responsável se encontra frente ao dever de inventar seu sistema de forma independente a cada caso individual, e semelhante adaptabilidade criadora não é passível de aprendizado com zelo e entendimento. Ela exige um conhecedor de almas nato e exercitado, capacitado por natureza a pensar-se, a sentir-se dentro dos destinos mais alheios, de par com tato humano e uma paciência que observa em silêncio; além disso, de um psicanalista efetivamente criador deveria ainda emanar um certo elemento mágico, uma corrente de simpatia e segurança a que toda alma desconhecida se confiasse de boa vontade e com apaixonada solicitude – todas estas, qualidades inaprendíveis e apenas num caso favorável reunidas numa só pessoa. Na raridade de tais verdadeiros mestres da alma está a restrição pela qual, segundo me parece, a psicanálise sempre pode se tornar apenas vocação de alguns e jamais – como hoje infelizmente acontece em demasia – profissão e negócio. Mas sobre esse ponto Freud pensa de maneira notavelmente indulgente, e quando diz que a aplicação bem-sucedida de sua arte interpretativa exige tato e exercício, é verdade, mas "não é difícil de aprender", pode-se colocar à margem um grosso e quase irritado ponto de interrogação. Pois já o termo "aplicação" me parece infeliz para um processo que exige as forças de conhecimento anímico mais espirituais e inclusive inspiradoras, e a indicação da aprendibilidade geral me parece até perigosa. Pois assim como o conhecimento da técnica do verso não cria um poeta, da mesma forma o mais aplicado estudo da psicotécnica não cria um verdadeiro psicólogo, e ninguém senão unicamente o perscrutador de almas nato e empático deveria ser autorizado a intervir nesse que é o mais delicado, mais sutil e mais sensível de todos os órgãos. Apenas com horror podemos imaginar o quão perigoso poderia se tornar em mãos toscas um método inquisitorial que um espírito criador como Freud concebeu com suprema perspicácia e responsabilidade. Nada provavelmente prejudicou tanto a reputação da psicanálise quanto a circunstância de não se limitar a um grupo de almas restrito, aristocraticamente selecionado, mas ensinar o inaprendível em escolas. Pois no rápido e irrefletido passar de mão em mão, muitos de seus conceitos se tornaram grosseiros e não exatamente mais asseados; o que hoje se faz passar por tratamento psicanalítico no Velho Mundo, e mais ainda no Novo, de maneira profissional ou diletante, tem muitas vezes apenas uma semelhança tristemente paródica com a prática original de Sigmund Freud, orientada pela paciência e pelo gênio. Precisamente quem queira julgar com independência tem de constatar que é apenas devido àquelas análises de escola que hoje falta qualquer panorama honesto do que a psicanálise na realidade consegue fazer terapeuticamente e sobre se alguma vez, devido à invasão de leigos suspeitos, poderá afirmar a absoluta validade de um método clinicamente exato; aqui a decisão não cabe a nós, e sim ao futuro.

A técnica psicanalítica de Freud – só isso é certo – não significa nem de longe a última e decisiva palavra da terapia da alma. Mas é glória sua para todas as eras ter sido a primeira página desse livro selado por tempo demais, a primeira tentativa metodológica de apreender e curar o indivíduo a partir do material de sua própria personalidade. Com instinto genial, um único homem reconheceu o vácuo no meio da terapia contemporânea, o fato inconcebível de há muito os menores órgãos do ser humano haverem encontrado cuidado responsável – o cuidado dispensado aos dentes, à pele, ao cabelo –, ao passo que as aflições da alma ainda não tinham refúgio na ciência. Até a idade adulta os pedagogos ajudavam a pessoa imatura, quando então, com indiferença, deixavam-na sozinha consigo mesma. E eram completamente esquecidos aqueles que na escola ainda não haviam aprendido a lidar consigo mesmos, que ainda não haviam dado conta de seu programa escolar e, perplexos, arrastavam consigo seus conflitos não resolvidos. Para estes que ficaram dentro de si mesmos, para os neuróticos, os psicóticos, para os aprisionados em seu mundo de impulsos, uma geração inteira não tinha espaço, não tinha consultório; a alma doente vagava desamparada pelas ruas e buscava em vão por conselho. Essa instância foi criada por Freud. Para o lugar ocupado em dias antigos pelo psicagogo, pelo conselheiro da alma e pelo professor de sabedoria, e, nas épocas de devoção, energicamente pelo sacerdote, ele designou uma ciência nova e moderna que primeiro tem de conquistar as próprias fronteiras. Mas a tarefa está grandiosamente colocada, a porta está aberta. E onde quer que o espírito humano perceba amplidão e profundidades inexploradas, ele não mais descansa, mas ergue-se e desdobra suas incansáveis asas.

O MUNDO DO SEXO

Mesmo o inatural é natureza. Quem não a vê por toda parte, não a vê direito em parte alguma.

Goethe[1]

O fato de Sigmund Freud ter se tornado o fundador de uma ciência sexual, da qual hoje não se pode mais de forma alguma prescindir, ocorreu na verdade sem sua própria intenção. Porém, parece fazer parte da regularidade secreta do curso de sua vida que o caminho sempre o conduza além daquilo que fora originalmente buscado e dê acesso a regiões em que jamais teria ousado pisar por livre iniciativa sua. O homem de trinta anos provavelmente ainda teria sorrido com incredulidade se alguém lhe tivesse predito que estava reservado a ele, o neurologista, elevar a interpretação dos sonhos e a estratificação biológica da vida sexual à categoria de objeto de uma ciência, pois nada em suas inclinações privadas ou acadêmicas indica de antemão o menor interesse por campos de

1. Mais exatamente: "Mesmo o mais inatural é natureza". O trecho provém de um ensaio do teólogo, tradutor e escritor suíço Georg Christoph Tobler (1757-1812) intitulado *Die Natur* [A natureza] e baseado em conversas do autor com Goethe, o que levou este mais tarde a considerá-lo como obra própria. Foi esse mesmo ensaio que motivou Freud a cursar medicina, conforme relata em sua *Selbstdarstellung* [Autoapresentação]. (N.T.)

reflexão tão aberrantes. O fato de Freud chegar ao problema sexual não aconteceu porque o buscava, mas este vem a seu encontro espontaneamente, na linha de pensamento de suas pesquisas.

Ele vem a seu encontro para sua própria surpresa, sem ser de modo algum chamado e de modo algum esperado, a partir daquela profundidade a que obtivera acesso com Breuer. Partindo da histeria, Freud e Breuer haviam encontrado juntos a fórmula reveladora de que as neuroses e a maioria das perturbações da alma surgem quando um impulso é tolhido em sua forma original de descarga e, insatisfeito, repelido ao subconsciente. Mas a que categoria pertencem os apetites que o homem aculturado repele acima de tudo, que esconde do mundo e inclusive de si mesmo como os mais íntimos e mais penosos para si próprio? Não demora muito para que Freud se dê uma resposta inequívoca. O primeiro tratamento psicanalítico de uma neurose mostra afetos eróticos reprimidos. O segundo, igualmente; o terceiro, do mesmo modo. E Freud logo sabe: sempre ou quase sempre a neurose é causada por um impulso sexual que não é capaz de alcançar seu próprio objeto de prazer e, transformado em inibições e represamentos, faz pressão sobre a vida anímica. O primeiro sentimento de Freud diante desse achado involuntário pode ter sido o espanto de que um fato de tal maneira evidente tenha escapado a todos os seus predecessores. Essa causalidade retilínea realmente não chamou a atenção de ninguém? Não, ela não se encontra em nenhum manual. Mas então Freud se recorda subitamente de certas alusões e conversas de seus famosos professores. Quando Chrobak lhe enviou uma histérica para tratamento dos nervos, informou-o ao mesmo tempo discretamente que essa mulher, por ser casada com um homem impotente, permanecera virgem apesar de um casamento de dezoito anos e, gracejando com rudeza, acrescentou sua opinião pessoal a respeito da intervenção bastante fisiológica e desejada por Deus com que se poderia de fato curar essa neurótica da melhor maneira. Da mesma forma, seu professor Charcot, em Paris, dado ensejo semelhante, definiu assim a causalidade da perturbação nervosa numa conversa: "*Mais c'est toujours la chose sexuelle, toujours!*".[2] Freud fica pasmo. Então eles sabiam, seus professores e, provavelmente, inúmeras sumidades médicas antes deles! Mas – assim pergunta sua ingênua honestidade – se sabiam, por que fizeram segredo e comunicaram isso apenas em conversas e nunca diante do público?

Logo o jovem médico será energicamente informado do motivo pelo qual esses homens experientes escondiam do mundo o seu saber. Pois mal Freud comunica calma e objetivamente seu resultado nesta fórmula: "As neuroses surgem quando, graças a obstáculos exteriores ou interiores, a satisfação das necessidades eróticas é vedada na realidade", irrompe da direita e da esquerda uma resistência encarniçada contra ele. A ciência, na época ainda imperturbável porta-estandarte da moral, recusa-se a reconhecer publicamente essa etiologia sexual; inclusive seu amigo Breuer – que foi, no entanto, quem conduziu sua mão na revelação do segredo – afasta-se depressa da psica-

2. Francês: "Mas é sempre a coisa sexual, sempre!". (N.T.)

nálise tão logo descobre que caixa de Pandora ajudou a abrir. Não demora muito e Freud precisa aperceber-se que com essa espécie de constatações, em 1900, toca-se num ponto em que a alma, exatamente como o corpo, é mais sensível e mais pruriginosa, e que a vaidade da era da civilização prefere antes qualquer degradação intelectual a ser lembrada de que a força impulsora sexual ainda continua a imperar em cada indivíduo, determinando-lhe a forma e tomando parte de maneira decisiva nas mais elevadas criações culturais. "A sociedade não acredita em ameaça mais enérgica à sua cultura do que aquela que poderia brotar da libertação dos impulsos sexuais e seu retorno a suas metas originais. A sociedade não gosta, portanto, de ser lembrada dessa parte espinhosa de sua fundação, não tem qualquer interesse em reconhecer a força dos impulsos sexuais e em esclarecer a importância da vida sexual para os indivíduos e, com propósito pedagógico, tomou antes o caminho de desviar a atenção de todo esse campo. É por isso que não tolera o chamado resultado investigativo da psicanálise, e preferiria estigmatizá-lo como esteticamente repulsivo, moralmente condenável ou como perigoso."[3]

Essa resistência de toda uma visão de época interpõe-se no caminho de Freud logo ao primeiro passo. E pertence à glória de sua honestidade não só o fato de travar a luta resolutamente, mas ainda dificultá-la para si graças à sua inata incondicionalidade. Pois Freud poderia ter expressado tudo ou quase tudo o que disse sem muito escândalo se apenas tivesse se

3. Freud, *Conferências de introdução à psicanálise*, Primeira conferência. (N.T.)

mostrado disposto a formular sua genealogia da vida sexual de maneira mais cautelosa, com mais rodeios, de modo mais amável. Bastaria envolver suas convicções em um mantozinho de palavras, maquiá-las de maneira um pouco poética, e elas teriam se introduzido clandestinamente na esfera pública sem chamar muito a atenção. Talvez tivesse bastado chamar mais polidamente de *eros* ou de amor, em vez de libido, o selvagem impulso fálico, cujo ímpeto e energia ele quis mostrar ao mundo em sua nudez. Pois teria soado platônico, quando muito, dizer que nosso mundo anímico é dominado por *eros*. Mas Freud, o demônio, avesso a todas as coisas pela metade, recorre a palavras duras, pontudas, inequívocas, não se esquiva a nenhuma clareza: de maneira franca, diz libido, impulso de prazer, sexualidade, impulso sexual em lugar de *eros* e amor. Freud é sempre demasiado honesto para parafrasear cautelosamente quando escreve. "*Il appelle un chat un chat*"[4], ele chama por seus nomes naturais alemães todas as coisas sexuais e aberrantes com a mesma naturalidade com que um geógrafo chama suas montanhas e cidades, e um botânico, suas plantas e ervas. Como clínico sangue-frio, ele examina todas as manifestações – mesmo aquelas estigmatizadas, como vícios e perversidades – do sexual, indiferente às explosões de indignação dos moralistas e aos gritos de pavor dos pudicos; de certo modo com os ouvidos tapados, avança paciente e serenamente no problema levantado de inopino e dá início de maneira sistemá-

---

4. "Ele chama um gato de gato", expressão francesa equivalente à nossa "dar nome aos bois". (N.T.)

tica à primeira investigação psicogeológica do mundo dos impulsos humanos.

Pois Freud, o pensador conscientemente orientado ao aquém-mundo e profundamente antirreligioso, enxerga no impulso o estrato mais profundo, igneamente fluido de nosso solo interior. O ser humano não quer a eternidade, a alma não cobiça em primeiro lugar uma vida no espírito, segundo sua concepção: ela apenas cobiça cegamente obedecendo aos impulsos. A cobiça universal é o primeiro fôlego de toda vida psíquica. Assim como o corpo anseia por alimento, da mesma forma a alma anseia por prazer; a libido, essa originária vontade de prazer, essa insaciável fome da alma, a impele para o mundo. Mas – e nisso consiste o genuíno arquiachado de Freud para a ciência sexual – essa libido não tem de início um conteúdo definido, seu sentido é apenas conduzir o impulso para fora de si e para além de si. E como, segundo a criadora constatação de Freud, as energias psíquicas são sempre deslocáveis, a libido pode dirigir seu ímpeto ora a este, ora àquele objeto. Nem sempre, portanto, o prazer precisa se produzir na interação do homem com a mulher e da mulher com o homem, a libido apenas pressiona cegamente por descarga, é a tensão do arco que ainda não sabe para onde mira, a força precipitante da corrente que ainda não conhece a foz em que se derrama. Ela apenas impele rumo a seu relaxamento, sem suspeitar qual seja. Pode desencadear-se e libertar-se em puros e normais atos sexuais e, da mesma forma, espiritualizar-se em feitos sublimados de atividade artística e religiosa. Pode ocupar um lugar equivocado e tornar-se aberrante, pode "investir" com sua cobiça os mais inesperados objetos além do âmbito genital e, mediante inúmeras conexões intermediárias, desviar completamente o incitamento sexual original da esfera do corpo. Do cio animal até as mais refinadas oscilações do espírito humano, ela pode se metamorfosear em todas as formas; ela mesma é amorfa e inapreensível, mas está em jogo por toda parte. Porém, em todas as funções inferiores e criações supremas, ela liberta a única e original vontade de prazer do ser humano.

Com essa transvaloração fundamental de Freud, a atitude em relação ao problema sexual é mudada por inteiro de um só golpe. Visto que até então, ignorando a capacidade de transformação de todas as energias anímicas, a psicologia equiparava grosseiramente o sexual às funções dos órgãos sexuais, a sexualidade era considerada pela ciência como uma discussão das funções do baixo-ventre e, por isso, como desagradável e impura. Ao separar o conceito de sexualidade da atividade sexual fisiológica, Freud liberta-o ao mesmo tempo de sua estreiteza e da difamação de função psicofísica "inferior"; o dito presciente de Nietzsche, "o grau e o tipo de sexualidade de uma pessoa alcançam até os últimos cimos de seu espírito"[5], é revelado por Freud como verdade biológica. Em inúmeros casos individuais ele demonstra como essa fortíssima tensão do ser humano se descarrega por anos e décadas, via misteriosos condutores de longa distância, em manifestações completamente inesperadas de sua vida anímica; como, mediante inúmeras metamorfoses e

---

5. *Além do bem e do mal*, Quarta parte: ditos e interlúdios, p. 75. (N.T.)

dissimulações, a conduta particular da libido sempre volta a se impor nas mais notáveis ações substitutivas e formas de desejo. Portanto, quando houver uma chamativa particularidade no âmbito anímico – uma depressão, uma neurose, uma ação obsessiva –, o médico pode inferir sem receio, na maioria dos casos, uma particularidade ou estranheza no destino sexual; então lhe cabe o dever, segundo o método da psicologia profunda, de reconduzir o doente em sua vida interior até aquele ponto em que, devido a uma vivência, ocorreu aquele desvio do curso retilíneo e normal dos impulsos. Esse novo tipo de diagnóstico leva Freud outra vez a uma descoberta inesperada. Já as primeiras psicanálises haviam lhe demonstrado que aquelas vivências perturbadoras e sexuais do neurótico datam de época remota, e nada era mais natural senão buscá-las na primeira época do indivíduo, a época verdadeiramente plástica da alma, pois apenas o que se inscreve durante a época de crescimento da personalidade na placa ainda mole e, por isso, claramente receptiva da consciência nascente, permanece sendo sempre o propriamente indelével e determinador do destino de cada pessoa: "Ninguém acredite poder superar as primeiras impressões de sua juventude" (Goethe).[6] Assim, em cada caso de doença, Freud sempre tateia de volta até a puberdade – uma época anterior a essa não lhe parece de início entrar em questão: pois como poderiam surgir impressões sexuais antes da aptidão sexual? Ainda parece-lhe completamente absurdo na época o pensamento de seguir a vida im-

6. *Os anos de aprendizado de Wilhelm Meister*, livro II, cap. 9. (N.T.)

pulsional sexual além daquela zona fronteiriça até a infância que, em bem-aventurada inconsciência, ainda nada suspeita das tensões dos humores prementes, prementes para fora. As primeiras investigações de Freud detêm-se, portanto, na puberdade.

Mas logo, face a várias confissões singulares, Freud não pode mais se esquivar ao conhecimento de que em vários de seus doentes vêm à luz com clareza incontestável, graças à psicanálise, lembranças de vivências sexuais muito mais antigas, por assim dizer pré-históricas. Confissões bastante claras de seus pacientes o levaram à suspeita de que também a época anterior à puberdade, ou seja, a infância, já deveria conter o impulso sexual ou certas ideias a respeito. A suspeita se torna cada vez mais insistente na investigação que avança; Freud se recorda do que a babá e o professor primário têm a relatar sobre tais manifestações precoces de curiosidade sexual e, de súbito, a sua própria descoberta da diferença entre a vida anímica consciente e a inconsciente esclarece-lhe luminosamente a situação. Freud reconhece que não é somente na época da puberdade – pois de onde é que poderia provir? – que a consciência sexual se infiltra de repente no corpo, mas que o impulso sexual – como a linguagem, de maneira mil vezes mais psicológica do que todos os psicólogos escolares, há muito expressara de modo magnificamente plástico – apenas "desperta" no ser humano semimaduro, ou seja, que já deve ter estado presente há muito de forma dormente (quer dizer: latente) no corpo infantil. Assim como a criança tem o andar em suas pernas como força potencial antes de saber caminhar, e a vontade de falar antes de poder fazê-lo, da mesma forma a sexualidade – naturalmente sem uma noção de atividade dirigida a um fim – já se encontra pronta há muito na criança. A criança sabe – fórmula decisiva! – a respeito de sua sexualidade. Só não a compreende.

Aqui meramente suponho em vez de saber: mas penso que, num primeiro momento, Freud ficou assustado com a própria descoberta, pois ela derruba as concepções mais correntes de uma maneira quase caluniosa. Se já era ousado acentuar e, como alegavam todos os outros, superacentuar a importância anímica do sexual na vida do adulto – que desafio à moral da sociedade constitui então essa concepção revoltante que afirma descobrir traços de sentimento sexual na criança, à qual, no fim das contas, a humanidade relaciona proverbialmente a ideia da pureza absoluta, da angelitude e da ausência de impulsos! Como? Então essa vida delicada, sorridente e florescente também já estaria a par do prazer, ou, pelo menos, já sonharia com ele? Esse pensamento parece de início absurdo, paradoxal, blasfemo e até antilógico, pois visto que os órgãos da criança não são de modo algum aptos à reprodução, o resultado teria de ser esta medonha fórmula: "Se a criança tem mesmo uma vida sexual, só pode ser de tipo perverso".[7] Pronunciar semelhantes palavras no mundo de 1900 era suicídio científico. Mas Freud as pronuncia. Onde esse pesquisador implacável sente terreno firme, aí ele penetra com sua força coerentemente perfuradora, avançando trecho a trecho de maneira irresistível até a mais funda

7. Freud, *Conferências de introdução à psicanálise*, Conferência 20, "A vida sexual humana". (N.T.)

profundidade. E para sua própria surpresa, descobre precisamente na forma mais inconsciente do ser humano, no lactente, a buscada protoforma e oniforma do prazer impulsional, estampada da maneira mais plena de sentido. Precisamente porque ali, na mais profunda fronteira vital, ainda não chega um único raio luminoso de consciência moral até o irrefreado mundo dos impulsos, esse minúsculo ser vivo, o lactente, representa para Freud a protoforma plástica da libido: sugar para si o prazer, repelir de si o desprazer. De todas as partes esse minúsculo animal humano sorve o prazer para dentro de si: de seu próprio corpo e do mundo circundante, do seio materno, dos dedos da mão e do pé, da madeira e do tecido, da carne e da roupa; desenfreadamente ébrio de sonhos, deseja puxar para dentro de seu pequeno corpo macio tudo o que lhe faz bem. Nessa forma de prazer primordial, esse ser indistinto, a criança, ainda não distingue entre o meu e o teu, algo a ser aprendido mais tarde; ainda não percebe os limites, nem os físicos nem os morais, que a educação lhe erige mais tarde: um ser anárquico, pânico, que com insaciável prazer sugador quer puxar o universo para dentro de seu eu, ele leva tudo o que é alcançável por seus minúsculos dedos à única fonte de prazer que conhece, a boca sugadora (motivo pelo qual Freud chama essa época de "oral"). Sem preocupações, brinca com seus membros, absorto por inteiro em seu apetite balbuciante e sugador, ao mesmo tempo recusando com fúria tudo o que o atrapalha nesse sorver oniricamente selvagem. No lactente, no "ainda não eu", no indistinto "isso", apenas a libido universal do ser humano, ainda sem meta e sem objeto, vive plenamente sua vida. Nele, o eu inconsciente ainda bebe com avidez todo prazer dos seios do mundo.

No entanto, esse primeiro estágio autoerótico não dura muito. Logo a criança começa a reconhecer que seu corpo tem limites; uma luzinha acende-se no pequenino cérebro, inicia-se uma primeira distinção entre fora e dentro. Pela primeira vez, a criança percebe a resistência do mundo e é obrigada a tomar conhecimento de que esse fora é uma potência da qual a pessoa se torna dependente. A punição logo a instrui dolorosamente acerca de uma lei que lhe é inapreensível, que não tolera a extração irrestrita de prazer de todas as fontes: a criança é proibida de exibir-se nua, de tocar seus excrementos e alegrar-se com eles; impiedosamente, é forçada a renunciar à unidade amoral do sentimento e a distinguir entre certas coisas permitidas e outras não permitidas. A exigência cultural começa a introduzir no pequeno ser humano selvagem uma consciência social, uma consciência estética, um aparelho de controle com cujo auxílio ele pode separar suas ações em boas e más. Com esse conhecimento, o pequeno Adão é expulso do paraíso da irresponsabilidade.

Porém, ao mesmo tempo começa a partir de dentro um certo retrocesso da vontade de prazer: na criança que cresce, ela recua frente ao novo impulso de autodescoberta. A partir do "isso", inconscientemente impulsional, forma-se um "eu", e essa descoberta de seu eu significa para o cérebro uma tensão e uma ocupação tão fortes que o original apetite de prazer, que vinha à frente de modo pânico, é negligenciado e entra num estado de latência. Mesmo esse estado de ocupação consigo mesmo não se perde totalmente como lembrança no posterior adulto, em alguns ele até persiste como tendência narcísica (conforme Freud se expressa), como perigosa tendência egocêntrica a ocupar-se unicamente consigo mesmo e recusar qualquer ligação emocional com o mundo. O impulso de prazer, que no lactente mostra sua oniforma e protoforma, torna-se invisível na criança que cresce, encapsula-se. Entre a forma autoerótica e panerótica do lactente e o erotismo sexual do púbere há uma hibernação das paixões, um estado crepuscular durante o qual as forças e os humores se preparam para uma descarga de meta bem definida.

Quando, então, nesta segunda época, outra vez sexualmente marcada – a época da puberdade –, o impulso adormecido desperta pouco a pouco; quando a libido volta a se dirigir ao mundo; quando busca outra vez um "investimento", um objeto ao qual possa transferir sua tensão emocional – nesse momento decisivo, a vontade biológica da natureza conduz o novato, com indicação firme, na direção natural da reprodução. Inequívocas modificações no corpo durante o período de puberdade indicam ao homem jovem e à moça a amadurecer que a natureza tem um propósito para eles. E esses sinais apontam claramente para a zona genital. Eles mostram o caminho que a natureza quer que o ser humano siga a fim de servir sua intenção secreta e eternizadora: a reprodução. A libido não deve mais, por assim dizer, gozar a si mesma como numa brincadeira, como outrora no lactente, mas subordinar-se de maneira útil ao plano inapreensível do mundo, que volta a se cumprir de novo e de novo no ser humano que gera e foi gerado. Se o indivíduo compreende e obedece a essa indicação imperativa da natureza, se o homem se liga à mulher e a mulher se liga ao homem no ato criador do sexo, se esqueceu todas as outras possibilidades de prazer de seu antigo e pânico oniprazer, o desenvolvimento sexual desse ser humano aconteceu correta e regularmente, e seu impulso individual atua na direção-meta normal e natural.

Esse "ritmo de dois tempos" determina o desenvolvimento de toda a vida sexual humana, e para milhões e milhões o impulso de prazer ordena-se de tal maneira sem tensões segundo este transcurso regular: oniprazer e autoprazer na criança, ímpeto reprodutivo no adulto. De modo completamente evidente, o indivíduo normal serve ao propósito da natureza, que quer utilizá-lo de maneira exclusiva para seu fim metafísico último de reprodução. Porém, em alguns casos relativamente raros, mas que são justamente os que ocupam o médico da alma, reconhece-se uma funesta perturbação desse transcurso reto e sadio. Alguns seres humanos não conseguem decidir-se, por um motivo que sempre pode ser descoberto apenas de maneira individual, a fazer a transição integral de seu impulso de prazer para a forma recomendada pela natureza; neles, a libido, a energia sexual sempre busca para seu desenlace prazeroso uma certa direção-meta diferente da normal. Nesses anômalos e neuróticos, a inclinação sexual se deslocou a um trilho equivocado devido a um posicionamento falho no seu percurso de vivências, não conseguindo mais se libertar dessa posição. Os perversos, as pessoas de orientação diversa não são, portanto, segundo a concepção de Freud, acometidas por taras hereditárias ou doentes ou então criminosas anímicas, mas, na maioria das vezes, são pessoas que se recordam de maneira funestamente fiel de alguma outra forma de ganho de prazer oriunda de sua época pré-genital, de uma vivência prazerosa de seu período de desenvolvimento, e que agora, por uma trágica compulsão à repetição, buscam o prazer sempre e tão somente nessa única direção. Assim, tristes figuras, tais pessoas se encontram paradas em meio à vida como adultos dotados de formas de desejo na verdade infantis, não achando prazer, devido àquela compulsão à rememoração, na atividade sexual normal para sua idade e instituída como óbvia pela sociedade; sempre querem reviver outra vez, prazerosamente, aquela vivência (que, na maioria das vezes, tornou-se há muito inconsciente para elas), buscando um sucedâneo na realidade para essa recordação. O exemplo típico de tal perversão causada por uma única vivência infantil foi esboçado classicamente há muito na literatura por Jean-Jacques Rousseau em sua impiedosa autoapresentação. Quando criança, sua preceptora severa e amada em segredo o castigara com fúria e frequência usando uma vara, mas, para seu próprio espanto, o menino sentiu um nítido prazer acompanhando as dores desse castigo por ela aplicado. No estado de latência (tão magistralmente constatado por Freud), ele esquece completamente esse episódio, mas seu corpo, sua alma, seu inconsciente não esquecem essa vivência. E quando o adulto busca satisfação com mulheres em relações normais, jamais atinge uma satisfação física. Para que possa unir-se a uma mulher, ela precisa antes renovar com uma vara aquele histórico evento punitivo, e, assim, Jean-Jacques Rousseau paga com um masoquismo incurável, durante toda a sua vida, pelo funesto e desviante despertar precoce de sua sensibilidade sexual, masoquismo que remete-o, vez após vez, apesar de seu protesto interior, àquela forma de prazer única para ele. Os perversos (Freud reúne nesse conceito todos aqueles que buscam satisfação prazerosa por vias diferentes daquela que serve à reprodução) não são, portanto, naturezas doentes nem anarquicamente obstinadas que, em rebelião conscientemente descarada, transgridem as normas gerais, mas prisioneiros contra a própria vontade, acorrentados a uma vivência de sua primeira época, pessoas que ficaram para trás em um infantilismo, além disso transformadas em neuróticas e psicóticas pelo violento anseio de derrotar a vontade desviante de seus impulsos. Por isso, uma libertação dessa disposição compulsiva nunca é obtida pela justiça, cujas ameaças apenas impelem o desencaminhado ainda mais fundo em seu enredamento interior, e tampouco pela moral, que apela à "razão", mas unicamente pelo médico da alma que, graças à exposição compassiva, torna a vivência original compreensível ao doente. Pois apenas mediante o conhecimento pessoal do conflito interior – esse é o axioma de Freud na ciência da alma – pode ocorrer sua resolução: para curar-se, a pessoa precisa antes conhecer o sentido de sua doença.

Toda perturbação anímica repousa, portanto, segundo Freud, numa vivência da personalidade – na maioria das vezes eroticamente condicionada –, e mesmo o que chamamos de predisposição e de hereditariedade não são mais do que vivências de gerações precedentes gravadas nos nervos; por isso, a vivência é para a psicanálise o elemento determinante da forma de cada configuração da alma e, por isso, ela sempre busca compreender cada ser humano específico apenas individualmente a partir de seu passado vivido. Para Freud, não há senão psicologia individual e patologia individual: tudo o que há dentro do espaço vital anímico nunca pode ser considerado a partir de uma regra, de um esquema, mas as causalidades precisam sempre ser descobertas em sua unicidade. Naturalmente, isso não impede que a maioria das vivências sexuais precoces de indivíduos, embora obviamente dotadas de colorido pessoal, apresentem certas formas típicas de similaridade entre si; assim como no sonho incontáveis pessoas vivenciam a mesma e exata forma genérica de sonhos – por exemplo, o sonho de voar, o sonhos com provas escolares, o sonho de ser perseguido –, do mesmo modo Freud acredita reconhecer no vivenciar sexual precoce certas disposições emocionais típicas que são quase compulsórias, empenhando-se com paixão especial na descoberta e no reconhecimento dessas formas típicas, desses "complexos". O mais famoso deles – também o mais famigerado – ficou sendo o chamado complexo de Édipo, que Freud inclusive assinala como um dos pilares fundamentais de seu sistema teórico psicanalítico (ao passo que para mim ele não parece mais do que um daqueles pilares de apoio que podem ser eliminados sem perigo, uma vez terminada a obra). Nesse meio-tempo, ele adquiriu uma popularidade tão nefasta que mal se faz necessário comentá-lo em detalhes: Freud supõe que aquela funesta orientação emocional que se concretiza tragicamente com Édipo na lenda grega – a saber, que o filho mata o pai e possui a mãe –, que essa situação bárbara para a nossa sensibilidade existe ainda hoje em toda alma infantil sob a forma de desejo, pois – esta é a mais discutível suposição de Freud! – a primeira orientação emocional erótica da criança sempre se dirige para a mãe, e sua primeira tendência agressiva, contra o pai. Freud acredita poder demonstrar esse paralelogramo de forças composto de amor à mãe e ódio ao pai como o primeiro agrupamento natural e inevitável em qualquer vida anímica infantil, colocando ao lado dele uma série de outros sentimentos infernais, como o medo da castração e o desejo incestuoso – sentimentos que igualmente encontraram uma configuração imagética nos mitos primordiais da humanidade (pois os mitos e as lendas dos povos não são, segundo a concepção biológico-cultural de Freud, senão sonhos de desejo "ab-reagidos" de sua época inicial). Assim, tudo o que a humanidade há muito repeliu de si como não cultural – sede de sangue, incesto e estupro –, todos esses soturnos extravios de sua vida nas hordas, tudo isso volta a fulgurar mais uma vez como desejo na infância, esse protoestágio anímico do ser humano: em seu desenvolvimento ético, cada indivíduo tem de repetir simbolicamente toda a história cultural da humanidade. Todos ainda carregamos conosco, invisíveis porque inconscientes, antigos instintos bárbaros mergulhados em nosso sangue, e cultura alguma protege completamente o ser humano de um inesperado relampejar de tais instintos e apetites estranhos a ele próprio: de maneira misteriosa, correntes refluem vez após vez em nosso inconsciente de volta àquelas épocas primordiais, anteriores a toda norma e moral. E ainda que empreguemos toda a força para manter esse mundo impulsional a distância de nosso agir desperto – no melhor dos casos, podemos torná-lo fértil apenas nos sentidos espiritual e moral, mas jamais nos separaremos completamente dele.

Devido a essa concepção supostamente "hostil à civilização", que, em certo sentido, considera vão o esforço milenar da humanidade para chegar a um completo domínio dos impulsos e salienta sem cessar a invencibilidade da libido, os adversários de Freud chamaram toda a sua teoria sexual de pansexualismo. Ele superestimaria, assim o acusam, o impulso sexual como psicólogo por atribuir-lhe uma influência tão preponderante sobre nossa vida anímica, e exageraria como médico ao tentar reconduzir toda perturbação psíquica apenas a esse ponto e curá-la a partir dele. Em minha opinião, há nessa objeção uma mistura indistinta de verdade e inverdade. Pois, com efeito, Freud nunca definiu monisticamente o princípio de prazer como a única força anímica a mover o mundo. Ele por certo sabe que toda tensão e todo movimento – e que outra coisa é a vida senão isso? – provêm apenas do *pólemos*[8], do conflito. Por isso, desde o início ele contrapôs teoricamente à libido – o impulso centrífugo, que anseia ir além do eu, que busca ligação – um outro impulso, que de início ele chama de impulso do eu, depois de impulso agressivo e, por fim, de impulso de morte – aquele impulso que

8. Grego: "batalha", "guerra". (N.T.)

impele à aniquilação em vez de à geração, à destruição em vez de ao elemento criador, ao nada em vez de ao universo. Só que Freud – e apenas nesse sentido seus adversários não estão inteiramente errados – não conseguiu apresentar esse contraimpulso com força tão concludente e imagética quanto o impulso sexual: o reino dos chamados "impulsos do eu" permaneceu um tanto vago em sua imagem filosófica do mundo, pois onde Freud não vê com plena clareza – ou seja, por toda parte no espaço puramente especulativo –, falta-lhe o elemento magnificamente plástico de sua capacidade delimitadora de exposição. Assim, pode de fato prevalecer em sua obra e em sua terapia uma certa superestimação do sexual, mas essa ênfase enérgica foi historicamente condicionada pelo silenciamento e pela subestimação do sexual praticada de maneira sistemática pelos outros durante décadas a fio. Um exagero fez-se necessário a fim de conquistar a época para o pensamento; e foi só ao romper com violência o dique do silenciamento que Freud conseguiu fazer a discussão fluir. Na realidade, essa tão propalada hiperacentuação do sexual nunca significou um perigo real, e os exageros inerentes às primeiras tentativas foram há muito superados pelo eterno regulador de todos os valores: o tempo. Hoje, 25 anos desde o começo das exposições de Freud, mesmo o mais receoso pode tranquilizar-se com o fato de nosso conhecimento novo, honesto, melhor e mais científico acerca do problema da sexualidade não ter tornado o mundo de forma alguma mais sexual, mais sexualmente enfurecido e mais amoral, mas, pelo contrário, de a doutrina freudiana ter apenas reconquistado um bem anímico que a geração precedente havia desperdiçado com sua hipocrisia: a franqueza de espírito frente a tudo o que é corporal. Uma nova geração inteira aprendeu – e isso já é ensinado nas escolas – a não mais esquivar-se de decisões interiores, a não esconder os problemas mais importantes, mais pessoais, mas a tornar consciente à própria pessoa, com a maior clareza possível, precisamente o que há de perigoso e de misterioso nas crises interiores. Porém, em todo conhecimento sobre si já há liberdade em relação a si mesmo, e essa nova moral sexual mais livre sem dúvida se mostrará moralmente mais criadora para a vindoura camaradagem dos sexos do que a velha moral do ocultamento, cuja definitiva eliminação foi acelerada e propiciada por esse único homem, ousado e livre, e está entre seus méritos inegáveis. Uma geração inteira sempre deve sua liberdade exterior à liberdade interior de um único homem, toda nova ciência sempre começa com um primeiro indivíduo que tornou o problema consciente a todos os demais.

OLHAR VESPERTINO PARA A AMPLIDÃO

Cada fitar se transforma em um contemplar, cada contemplar, em um refletir, cada refletir, em um associar, e assim se pode dizer que teorizamos já a cada olhar atento ao mundo.

Goethe[1]

O outono é o tempo abençoado da visão de conjunto. Os frutos foram colhidos, o trabalho do dia foi cumprido: pura e claramente, o céu e toda a lonjura iluminam a paisagem da vida. Quando agora, aos setenta anos, Freud examina retrospectivamente pela primeira vez o feito realizado, ele próprio decerto não pode evitar o espanto sobre o quão longe o levou o caminho criador. Um jovem médico de doenças nervosas dedica-se a um problema neurológico, a explicação da histeria. Mais rápido do que imagina, tal problema o leva até suas profundezas. Mas lá no fundo do poço já brilha um novo problema: o inconsciente. Ele o levanta, e vede: é um espelho mágico, encantado. Qualquer que seja o objeto do espírito sobre o qual recaia sua luz, este se ilumina com um novo sentido. E assim, armado com uma força interpretativa sem igual, conduzido misteriosamente por uma missão interior, Freud avança de um conhecimento a outro, de cada visão intelectual a outras sempre mais altas e mais

1. *Sobre a teoria das cores*, Prefácio. (N.T.)

amplas – *una parte nasce dall'altra successivamente*, segundo as palavras de Leonardo –, e cada um desses círculos que se elevam em espiral encaixa-se espontaneamente numa imagem unitária do mundo anímico. Há muito que o reino da neurologia, da psicanálise, da interpretação dos sonhos e da pesquisa sexual foi transcendido, e ciências ainda novas apresentam-se para renovação. A pedagogia, os estudos da religião, a mitologia, a poesia e a arte devem aos estímulos de Freud um considerável enriquecimento: do alto de sua idade, o idoso pesquisador mal consegue abranger por conta própria o quão longe no futuro alcança sua imprevista efetividade. Como Moisés do alto da montanha, Freud vê para sua doutrina, no entardecer da vida, uma infinita extensão de terra ainda não cultivada e fértil.

Por cinquenta anos esse pesquisador seguiu imperturbavelmente pela trilha da guerra, caçador de segredos e buscador da verdade; incomensurável é seu butim. O quanto ele planejou, pressentiu, viu, criou, ajudou – quem pode enumerá-los, esses feitos em todos os âmbitos do espírito? Agora ele poderia descansar, o velho homem. E, de fato, algo nele anseia por uma visão mais amena, menos carregada de responsabilidades. Seus olhos, que olharam de modo rigoroso e examinador em muitas, em demasiadas almas sombrias, gostaria agora, por uma vez, de abarcar sem compromisso a inteira imagem do mundo numa espécie de sonhar espiritual. Ele, que sempre arou apenas as profundezas, aspira contemplar as alturas e as amplidões da existência. Ele, que por toda uma vida apenas pesquisou e perguntou incansavelmente como psicólogo, gostaria agora de dar-se uma resposta como filósofo. Ele, que praticou inúmeras análises em indivíduos, gostaria agora de ousar a sondagem do sentido da comunidade e pôr à prova sua arte interpretativa em uma psicanálise da época.

É antiga essa vontade de, por uma vez, contemplar o mistério do mundo em pura visão do espírito, unicamente pela via do pensamento. Mas o rigor de sua tarefa proibiu as inclinações especulativas a Freud durante uma vida inteira; era preciso que antes fossem investigadas as leis da estrutura anímica em incontáveis indivíduos para que só então ele pudesse ousar aplicá-las ao âmbito universal. A esse homem demasiado consciente de suas responsabilidades, sempre parecia cedo demais. Mas agora, quando entardece, quando cinquenta anos de trabalho incansável lhe dão o direito de, por uma vez, olhar em devaneio além do individual, agora ele sai mais uma vez a fim de lançar um olhar à lonjura e experimentar na humanidade inteira o método que pôs à prova em milhares de seres humanos.

Nesse começo, o mestre normalmente tão seguro anda com um pouco de hesitação, um pouco de receio. Dir-se-ia que é com a consciência pesada que ousa sair de seu exato reino científico dos fatos e entrar naquele do indemonstrável, pois justamente ele, o desmascarador de muitas ilusões, justamente ele sabe o quanto é fácil sucumbir a sonhos de desejo filosóficos. Até então, havia rechaçado duramente toda generalização especulativa: "Sou contra a fabricação de visões de mundo".[2] Não é com facilidade, portanto, e nem com

2. *Inibição, sintoma e medo*, cap. II. (N.T.)

a antiga e inabalável segurança que ele se volta para a metafísica – ou, como a chama mais cautelosamente: a metapsicologia – e pede desculpas a si mesmo, por assim dizer, em razão dessa audácia tardia: "Ocorreu uma certa mudança em minhas condições de trabalho cujas consequências não posso negar. Antes eu não era daqueles que não conseguem manter uma suposta novidade durante algum tempo para si até que ela tenha encontrado corroboração [...] Mas naquela época o tempo se estendia inabarcavelmente diante de mim – *oceans of time*, como diz um amável poeta[3] – e o material afluía com tamanha abundância que eu mal conseguia evitar as experiências [...] Agora isso mudou completamente. O tempo diante de mim é limitado, não é mais aproveitado integralmente pelo trabalho; as oportunidades de fazer novas experiências não ocorrem, portanto, com tanta abundância. Quando acredito ver algo novo, não estou certo se posso esperar pela confirmação".[4] Vemos que o homem rigorosamente científico sabe de antemão que desta vez apresentará toda sorte de problemas melindrosos. E, por assim dizer, apenas monologicamente, numa espécie de diálogo intelectual consigo próprio, ele debate diante de si mesmo algumas das questões que o afligem, sem exigir resposta, sem dar resposta completa. Estes seus livros tardios, *O futuro de uma ilusão* e *O mal-estar na cultura*, talvez não sejam mais tão densos quanto

3. Percy Bysshe Shelley, "Time". (N.T.)

4. "Algumas consequências psíquicas da diferença anatômica entre os sexos." (N.T.)

os anteriores, mas são mais poéticos.[5] Contêm menos ciência demonstrável, mas mais sabedoria. Em lugar do dissecador implacável, revela-se enfim o espírito capaz de grande condensação; em lugar do médico versado nas ciências naturais, com sua exatidão, o artista há muito pressentido. E é como se ao mesmo tempo, por trás do olhar investigador, viesse à frente pela primeira vez o homem Sigmund Freud, inteiro e por muito tempo oculto.

Mas é um olhar sombrio que aí encara a humanidade, um olhar que escureceu por ter visto escuridão demais. Durante cinquenta anos, as pessoas o buscaram sem cessar apenas com suas preocupações, suas agruras, seus tormentos e perturbações, queixando-se, perguntando, vociferando, exaltadas, histéricas e selvagens, apenas doentes, aflitos, atormentados, loucos; apenas o lado melancólico e abúlico da humanidade esteve voltado sem compaixão para esse homem durante uma vida inteira. Emparedado no eterno poço de seu trabalho, raramente ele viu a outra face da humanidade, a face luminosa, alegre, crente, as pessoas solícitas, despreocupadas, joviais, levianas, contentes, felizes e saudáveis: sempre e somente os doentes, desalentados, perturbados, sempre e somente as almas sombrias. Ele, Sigmund Freud, foi médico por demais e por tempo demais para que, pouco a pouco, também não encarasse a humanidade inteira como se esta fosse um doente. E sua primeira impressão, ao olhar o mundo a partir de seu gabinete de pesquisador, já antepõe a toda investigação subsequente um

---

5. Perdeu-se na tradução o jogo de palavras entre *dicht*, "denso", e *dichterischer*, "mais poético". (N.T.)

diagnóstico terrivelmente pessimista: "Tal como para o indivíduo, também para a humanidade inteira a vida é difícil de suportar".[6]

Palavras funestamente sombrias, que prometem pouca esperança, mais um suspiro vindo das profundezas do íntimo do que um conhecimento! Já vemos: Freud se aproxima de sua tarefa biológico-cultural como do leito de um doente. E, habituado a observar como médico da alma, ele acredita perceber sintomas nítidos de uma perturbação psíquica em nosso tempo. Visto que a alegria é estranha a seu olhar, ele vê apenas descontentamento em nossa cultura e começa a investigar analiticamente essa neurose da alma da época. Como pode ser tão escasso, pergunta-se ele, o bem-estar real que anima nossa civilização, que, não obstante, elevou a humanidade muito acima de todos os pressentimentos e esperanças das gerações anteriores? Não ultrapassamos mil vezes o velho Adão em nós, já não somos mais parecidos com Deus do que com ele? O ouvido não ouve até os mais remotos continentes graças à membrana telefônica, o olho não enxerga o mundo de miríades das estrelas graças ao telescópio e um cosmo numa gota d'água com o auxílio do microscópio? Nossa voz não supera o tempo e o espaço em um segundo, não zomba da eternidade, presa ao disco de um gramofone? O aeroplano não nos leva de modo seguro através do elemento proibido aos mortais durante milhares de anos? No entanto, apesar dessa semelhança com Deus, por que não há um ge-

6. Mais exatamente: "Tal como para a humanidade em seu todo, também para o indivíduo a vida é difícil de suportar". Ver *O futuro de uma ilusão*, cap. III. (N.T.)

nuíno sentimento de vitória na alma do ser humano, e sim somente a consciência opressora de que apenas somos senhores dessa magnificência por empréstimo, de que somos apenas "deuses protéticos"[7] (expressão certeira!) e de que nenhuma dessas conquistas técnicas apazigua e alegra nosso eu mais profundo? Onde está a origem dessa inibição, desse transtorno, onde está a raiz dessa doença da alma? Assim se pergunta Freud ao contemplar a humanidade. E, séria, rigorosa e objetivamente, como se se tratasse de um caso particular em seu consultório, Freud começa a investigar as causas de nosso mal-estar cultural, dessa neurose anímica da humanidade atual. Ora, Freud sempre inicia cada psicanálise com uma elucidação do passado: da mesma forma, tambem dá início à psicanálise da cultura psiquicamente doente com um olhar retrospectivo às formas primordiais da sociedade humana. Para Freud, no início está o homem primitivo (de certa maneira, o lactente da cultura), insciente de toda moral e de toda lei, livre feito um animal e completamente desprovido de inibições. Com uma força concentrada, vigorosamente egoísta, ele descarrega seus impulsos agressivos no assassinato e no canibalismo, seu impulso sexual no pansexualismo e no incesto. Porém, tão logo esse homem primitivo se reúna em hordas isoladas, em clãs, ele é obrigado a perceber que sua avidez se choca contra limites, contra a vontade contrária dos companheiros: toda vida social, mesmo no nível mais primitivo, exige restrição. O indivíduo precisa se resignar a reconhecer certas coisas como

7. Freud, *O mal-estar na cultura*, cap. III. (N.T.)

proibidas; são instituídos o direito, a moral e as convenções comuns, que exigem punições para cada transgressão. No entanto, esse conhecimento acerca do proibido e esse medo da punição logo se deslocam para dentro e criam no cérebro até então bestialmente embotado uma nova instância, um supereu, de certa maneira um aparelho sinalizador que adverte a pessoa a tempo contra a travessia dos trilhos da moral para não ser apanhada pela punição. Com esse supereu, a consciência moral, começam a cultura e, ao mesmo tempo, a ideia religiosa. Pois todos os limites que a natureza contrapõe de fora ao impulso humano de prazer – frio, doença, morte – são sempre compreendidos pelo cego medo primordial da criatura como algo enviado por um adversário invisível, por um deus-pai que tem todo o poder de punir e de recompensar, um deus de terror ao qual é preciso obedecer e servir. Ao mesmo tempo supremo ideal do eu como modelo de toda onipotência e, no entanto, figura aterrorrizante por ser o autor de todos os pavores, a suposta presença de um deus-pai que tudo vê e tudo pode empurra o homem rebelde de volta a suas fronteiras graças ao esbirro da consciência moral; devido a essa autolimitação, a essa renúncia, à disciplina e à autodisciplina, o ser bárbaro e selvagem começa pouco a pouco a se civilizar. Porém, à medida que as forças humanas originalmente belicosas se unem em atividade comum e criadora em vez de apenas arremeterem de maneira letal e sanguinária uma contra a outra, intensifica-se a capacidade intelectual, ética e técnica da humanidade, e pouco a pouco ela despoja seu próprio ideal, Deus, de uma boa parte de seu poder. O raio é capturado, o frio é subjugado, a distância é superada, a periculosidade dos animais de rapina é domada por meio de armas, todos os elementos – água, ar, fogo – são pouco a pouco submetidos à comunidade aculturada. Graças às suas próprias forças criadoras e organizadas, a humanidade sobe cada vez mais alto pela escada dos céus rumo ao divino e, senhora de montanhas e abismos, superadora do espaço, ciente e quase onisciente, ela, que ascendeu dos animais, já pode sentir-se semelhante a Deus.

Mas, frente a esse belo sonho futurista de uma cultura que faça todos felizes, Freud, o incurável desilusionista – exatamente como Jean-Jacques Rousseau mais de 150 anos antes –, pergunta: por que a humanidade não se tornou mais feliz e mais satisfeita apesar dessa semelhança com Deus? Por que nosso eu mais profundo não se sente enriquecido, libertado e redimido graças a todos esses triunfos civilizatórios da comunidade? E ele mesmo responde com sua implacabilidade dura e incômoda: porque esse enriquecimento das posses propiciado pela cultura não nos foi simplesmente presenteado, e sim pago ao mesmo tempo com uma formidável restrição da liberdade de nossos impulsos. O reverso de todo crescimento cultural da espécie é a perda de felicidade do indivíduo (e Freud sempre toma o partido deste). Ao ganho da humanidade em civilização comunal contrapõe-se uma perda de liberdade, uma redução de força emocional em cada alma individual. "O nosso atual sentimento do eu é apenas uma parte minguada de um sentimento de grande abrangência, um sentimento que na verdade abrange tudo e corresponde a uma íntima ligação do eu com o ambiente."[8] Cedemos à sociedade, à comunidade uma parte grande demais da inteireza de nossa força para que nossos impulsos primordiais, o impulso sexual e o agressivo, ainda pudessem ostentar a antiga violência uniforme. Quanto mais nossa vida anímica se divide em canais mais finos e ramificados, tanto mais ela perde seu aspecto caudalosamente elementar. As restrições sociais, ao se tornarem cada vez mais rigorosas no decorrer dos séculos, estreitam e deformam nossa força emocional, e em especial "a vida sexual do homem aculturado está seriamente afetada. Às vezes, dá a impressão de ser uma função que se encontra em processo involutivo, tal como parecem estar nossos órgãos, nossos dentes e cabelos".[9] Mas, de maneira misteriosa, a alma do ser humano não se deixa ludibriar a propósito do fato de que, em troca do sem-número de novas e superiores satisfações prazerosas como as que todo dia são oferecidas ilusoriamente pelas artes, pelas ciências, pela técnica, pelo domínio da natureza e pelas demais comodidades da vida, foi privado de algum outro tipo

---

8. Citação ligeiramente modificada de *O mal-estar na cultura*, cap. I: "O nosso atual sentimento do eu, portanto, é apenas um resíduo minguado de um sentimento de grande abrangência – na verdade, um sentimento que abrangia tudo e correspondia a uma íntima ligação do eu com o ambiente". (N.T.)

9. *Idem*, cap. IV: "A vida sexual do homem aculturado está seriamente afetada; às vezes, dá a impressão de ser uma função que se encontra em processo involutivo, tal como parecem estar nossos dentes e cabelos na condição de órgãos". (N.T.)

de prazer, mais pleno, mais selvagem, natural. Algo em nós, talvez biologicamente escondido em algum recanto dos corredores cerebrais e fluindo pelas veias junto com nosso sangue, recorda-se misticamente em cada um de nós daquele estado primordial de supremo desenfreamento: todos os instintos há muito superados pela cultura – o incesto, o parricídio, a pansexualidade – ainda andam feito fantasmas em nossos desejos e sonhos. E mesmo na criança bem cuidada, dada à luz da maneira mais suave e mais indolor por uma mãe altamente cultivada no quarto luxuoso, isento de bactérias, eletricamente iluminado e bem aquecido de uma clínica privada, desperta mais uma vez o velho homem primitivo; mais uma vez, ela precisa percorrer gradualmente toda a série milenar que vai dos impulsos pânicos primordiais até a autolimitação e, mais uma vez, vivenciar e padecer em seu pequeno corpo que cresce todo o trabalho de educação para a cultura. Assim, permanece indestrutivelmente em todos nós uma recordação da antiga soberania e, em alguns momentos, nosso eu ético anseia da maneira mais selvagem por um retorno ao elemento anárquico, nomademente livre, animalesco de nossos primórdios. Em nosso sentimento vital, o ganho e a perda se mantêm eternamente em equilíbrio, e quanto mais aumenta a distância entre a ligação cada vez mais estreita à comunidade e a original ausência de amarras, tão mais forte se tornará a desconfiança da alma individual sobre se, no fundo, não foi roubada graças a esse progresso e se seu eu mais profundo não foi enganado pela socialização do eu.

Ora, será a humanidade algum dia capaz, pergunta Freud, olhando com esforço para o futuro, de dominar de maneira definitiva essa inquietação, esse simultâneo ser puxado para cá e para lá de sua alma? Cambaleando confusamente entre o temor a Deus e o prazer animal, rodeada por proibições, oprimida pela neurose obsessiva da religião, conseguirá ela encontrar por conta própria uma saída para o dilema da cultura? As duas potências primordiais, o impulso agressivo e o impulso sexual, não se sujeitarão por fim voluntariamente à razão moral, e não poderemos, enfim, prescindir da "hipótese auxiliar" do Deus punidor e julgador como de algo supérfluo? Será que o futuro – psicanaliticamente falando –, graças à conscientização desse seu secretíssimo conflito emocional, também o superará de modo definitivo, será que alguma vez irá recobrar plenamente a saúde? Eis uma pergunta perigosa! Pois com essa pergunta sobre se a razão algum dia poderia se tornar senhora de nossa vida impulsional, Freud entra num dilema trágico. Afinal, por um lado a psicanálise nega a preponderância da razão sobre o inconsciente – "Os homens são pouco acessíveis a motivos racionais e são movidos por desejos impulsionais" –, e, no entanto, afirma que "não temos outro meio para dominar nossos impulsos senão a nossa inteligência".[10] Como doutrina teórica, a psicanálise defende a preponderância dos impulsos e do inconsciente – como método prático, emprega a razão como único remédio do ser humano e, assim, da humanidade. Aqui já se oculta há muito uma contradi-

10. *O futuro de uma ilusão*, cap. IX. (N.T.)

ção secreta na psicanálise, e agora ela cresce de modo exorbitante conforme as dimensões da observação: agora Freud teria finalmente de tomar a decisão definitiva; precisamente aqui, no espaço filosófico, teria de reconhecer na natureza humana ou a supremacia da razão, ou a dos impulsos. Mas essa decisão torna-se para ele, que não pode mentir e jamais quer enganar a si mesmo, terrivelmente difícil. Pois como decidir? Com olhar consternado, o velho homem viu confirmada pela psicose de massas da guerra mundial, não fazia muito, sua doutrina da prevalência dos impulsos sobre a razão consciente: nunca se tornara mais horrendamente visível do que nesses quatro anos apocalípticos o quanto ainda é fina a capa de humanitarismo que recobre o mais desenfreado, o mais odioso frenesi de sangue da humanidade, e que um único empurrão oriundo do inconsciente basta para derrubar todas as ousadas obras de engenharia do espírito e todos os templos da moralidade. A religião, a cultura, tudo o que enobrece e enaltece o estado consciente do ser humano, ele viu ser abandonado nesse único instante em troca do prazer mais selvagem e mais primitivo do destruir; todas as potências sagradas e santificadas mostraram-se outra vez infantilmente fracas diante do surdo impulso sanguissedento do homem primitivo na humanidade. No entanto, algo em Freud se recusa a reconhecer essa derrota moral da humanidade na guerra mundial. Pois para que serviriam a razão e o seu próprio serviço à verdade e à ciência durante décadas se por fim toda a conscientização educativa da humanidade deveria permanecer impotente frente a seu inconsciente? Insubornavelmente honesto, Freud não ousa negar a eficácia da razão nem tampouco a eficácia imprevisível do impulso. Assim sendo, ele por fim empurra com cautela a resposta à própria pergunta ao âmbito de um "talvez", de um "talvez algum dia", de um remotíssimo terceiro império da alma,[11] pois não gostaria de voltar a si mesmo dessa tardia caminhada inteiramente sem consolo. E é comovente para mim como sua voz usualmente tão severa se torna agora suave e reconciliadora, quando ele, no entardecer de sua vida, ainda gostaria de colocar uma pequenina luz de esperança para a humanidade no fim do caminho desta: "Podemos insistir o quanto quisermos que o intelecto humano é débil quando comparado à vida impulsional humana, e termos razão nisso. Mas há

11. Em alemão, *drittes Reich der Seele*. A denominação "terceiro Reich (império)" provém do pensamento escatológico de Gioacchino da Fiore e outros teólogos medievais, em que designava o reino que sucederia ao "Reino do Pai" e o "Reino do Filho", sendo por isso também chamado de "Reino do Espírito Santo". Modernamente, o termo foi empregado por alguns românticos e diversos representantes da chamada Revolução Conservadora, entre os quais o escritor Arthur Moeller van den Bruck (1876-1925), que em 1923 publicou um livro intitulado *Das dritte Reich*, em que defendia a criação de um novo Estado que substituísse a democracia de Weimar e retomasse as tradições do Sacro Império Romano da Nação Alemã (962-1806) e do Império Alemão (1871-1918). Foi sobretudo nesse último sentido que a expressão se tornou conhecida ao ser apropriada pelo movimento nacional-socialista, mas, no momento que Zweig escreve este livro, parece pouco provável que já estivesse tão indissoluvelmente ligada à infame corrente política. (N.T.)

algo especial nessa fraqueza; a voz do intelecto é baixa, mas não descansa até que seja ouvida. No fim, depois de incontáveis e repetidas rejeições, ela o consegue. Esse é um dos poucos pontos em que é lícito ser otimista quanto ao futuro da humanidade, mas, em si, ele não significa pouco. [...] O primado do intelecto está sem dúvida a uma grande, grande distância, mas ela provavelmente não é infinita".[12]

Essas são palavras maravilhosas. Mas essa pequenina luz na escuridão tremula longe demais e de modo incerto para que a alma interrogadora, que passa frio por causa da realidade, pudesse aquecer-se com ela. Todo "provável" é apenas um tênue consolo e nenhum "talvez" satisfaz a insaciável sede de acreditar em certezas superiores. Mas aqui estamos diante do genuíno e intransponível limite da psicanálise: onde começa o reino das crenças interiores, da confiança criadora, ali acaba seu poder – nessas esferas superiores, ela, conscientemente desilusionista e hostilizadora de toda ilusão, não tem asas. Exclusivamente ciência do indivíduo, da alma individual, ela nada sabe e nada quer saber de um senso comunitário ou de uma missão metafísica da humanidade: por isso, apenas ilumina os fatos anímicos, mas não aquece a alma humana. Pode dar apenas saúde, mas saúde, somente ela, não basta. Para tornar-se feliz, criadora, a humanidade necessita vez após vez do fortalecimento pela crença em um sentido de sua existência. No entanto, a psicanálise não tem opiatos como a Ciência Cristã, não tem êxtases ébrios como as profecias ditirâmbicas de

12. *O futuro de uma ilusão*, cap. X. (N.T.)

Nietzsche, não faz profecias e não promete nada, prefere silenciar em vez de consolar. Essa sua veracidade, inteiramente proveniente do rigoroso e honesto espírito de Sigmund Freud, é prodigiosa em sentido moral. Porém, em tudo o que é apenas veraz há inevitavelmente misturado um grão de amargura e ceticismo, sobre tudo o que é apenas racionalmente iluminista e analisador recai uma certa escuridão trágica. Algo desendeusador adere inegavelmente à psicanálise, algo que tem gosto de terra e de transitoriedade, que, como tudo o que é apenas humano, não liberta nem alegra; a honestidade pode enriquecer o espírito de maneira grandiosa, mas jamais satisfazer plenamente o sentimento, nunca ensinar à humanidade aquele querer precipitar-se além das próprias margens, esse seu prazer mais disparatado e, no entanto, mais necessário. Mas o ser humano – quem demonstrou isso de modo mais grandioso do que Freud? – não pode viver, mesmo no sentido corpóreo, sem o sonho; seu estreito corpo rebentaria sob a prepotência dos sentimentos não vividos – como a alma da humanidade suportaria subsistir sem a esperança de um sentido mais elevado, sem sonhos crédulos? Por mais que toda ciência demonstre vez após vez o contrassenso desse seu jogo criador de deuses, seu prazer formador sempre precisará se empenhar em um novo sentido de mundo para não cair no niilismo, pois esse prazer no esforço já é ele mesmo o sentido mais intrínseco de toda a vida espiritual.

Para essa fome de fé que a alma sente, a sobriedade dura, rigorosamente objetiva e gelidamente clara da psicanálise não tem alimento. Ela oferece conhecimento e não mais que isso, e, por faltar-lhe toda fé no mundo, pode ser apenas uma visão de realidade e nunca tornar-se uma visão de mundo. Aqui está seu limite. Ela foi capaz, mais do que qualquer método espiritual antes dela, de aproximar o ser humano de seu próprio eu, mas não – e isso seria necessário para a totalidade do sentimento – de levá-lo outra vez para além desse seu próprio eu. Ela dissolve, divide e separa, mostra a cada vida seu próprio sentido, mas não sabe unir esses elementos mil vezes isolados em um sentido comum. Por isso, para complementá-la de modo verdadeiramente criador seria preciso que à sua forma de pensar, desmembradora e iluminadora, se juntasse uma outra, combinante e amalgamadora – que à psicanálise se juntasse a psicossíntese: essa união talvez seja a ciência de amanhã. Por mais longe que Freud tenha chegado, acima dele ainda há amplos espaços de comtemplação livres. E depois que sua arte interpretativa mostrou à alma suas secretas sujeições, outras artes poderiam agora ensinar-lhe novamente sua liberdade, seu fluir e seu transbordar a partir do próprio ser para o universo.

Vigência na época

Não deixemos o indivíduo – que provém do uno e do múltiplo, carregando em si desde o nascimento tanto o determinado quanto o indeterminado – desvanecer-se no ilimitado antes de abrangermos com a vista todas as suas séries de ideias que fazem a mediação entre o uno e o múltiplo.

Platão[1]

Duas descobertas de simbólica simultaneidade ocorrem na última década do século XIX: em Würzburg, um físico até então pouco conhecido, chamado Wilhelm Röntgen, demonstra por meio de um inesperado experimento a possibilidade de atravessar com raios luminosos o corpo humano, até então julgado impermeável. Em Viena, um médico igualmente desconhecido, Sigmund Freud, descobre a mesma possibilidade no que respeita à alma. Ambos os métodos não modificam apenas os fundamentos de suas próprias ciências, mas fecundam todos os campos vizinhos; em um notável cruzamento, a medicina ganha precisamente com a descoberta do físico; com o achado do médico, por sua vez, ganha a psicofísica, a doutrina das forças anímicas.

Graças à grandiosa descoberta de Freud, ainda nem de longe esgotada hoje em seu efeito, a psicologia

1. Ver *Filebo*, 16d-e. (N.T.)

científica finalmente transpõe seu isolamento acadêmico e teórico e desemboca na vida prática. Graças a ele, a psicologia enquanto ciência se torna pela primeira vez aplicável a todas as formas do espírito criador. Pois o que era a psicologia de outrora? Uma disciplina, uma investigação teórica especial, trancafiada em universidades, encapsulada em seminários, produzindo livros numa linguagem de fórmulas insuportável e ilegível. Quem a estudava não sabia mais de si e de suas leis individuais do que se houvesse estudado sânscrito ou astronomia, e o público, com um bom instinto, considerava seus resultados de laboratório insignificantes por serem completamente abstratos. Ao voltar a investigação da alma, com decidida reorientação, do âmbito teórico ao indivíduo e elevar a cristalização da personalidade à categoria de objeto de investigação, ele a empurra para fora do seminário até a realidade e a torna vitalmente importante ao ser humano por ser aplicável. Só agora a psicologia pode colaborar na construção do homem nascente na pedagogia, na cura do doente na medicina, no julgamento do desencaminhado na justiça, na compreensão do criador na arte; ao buscar esclarecer a individuação sempre única de cada pessoa unicamente a ela própria, a psicologia auxilia ao mesmo tempo todos os outros. Pois quem uma vez aprendeu a compreender o ser humano em sua própria pessoa, compreende-o em todos.

Com esse redirecionamento da investigação anímica para a alma individual, Freud libertou, inconscientemente, a mais recôndita vontade da época. Nunca o ser humano foi mais curioso a propósito de seu verdadeiro eu, de sua personalidade, do que neste nosso século de progressiva monotonização da vida exterior. Cada vez mais, a era da técnica uniformiza e despersonaliza seus cidadãos em um tipo incolor; separados em classes de mesmo salário, morando nas mesmas casas, vestindo as mesmas roupas, cumprindo as mesmas horas de trabalho diante da mesma máquina e depois se refugiando na mesma forma de divertimento, frente ao mesmo rádio, o mesmo disco, no mesmo esporte, todos se tornam exteriormente mais parecidos de uma maneira apavorante, as cidades com as mesmas ruas se tornam cada vez mais desinteressantes, as nações se tornam cada vez mais homogêneas; o imenso cadinho da racionalização dissolve todas as diferenças aparentes. Porém, na medida em que nossa superfície vai sendo cada vez mais nivelada de cima para baixo, quanto mais os seres humanos se dividem, em série e às dúzias, em fisionomias de massa, tanto mais importante se torna a cada um, em meio à progressiva despersonalização das formas de existência, a única camada de vivências não acessível e influenciável de fora: sua personalidade única, irrepetível. Esta tornou-se a medida suprema e quase a única do ser humano, e não chamemos de acaso o fato de todas as artes e ciências servirem agora de modo tão apaixonado ao que é caracterológico. A tipologia, a genealogia, a teoria da hereditariedade e as investigações sobre a periodicidade individual empenham-se em separar o pessoal do geral de maneira cada vez mais sistemática; na literatura, a biografia amplia o conhecimento da ciência da personalidade, e métodos de investigação da fisionomia interior julgados há muito extintos, como a astrologia, a quiromancia e a grafologia, atingem em nossos dias um inesperado florescimento. De todos os enigmas da existência, nenhum é mais importante para o ser humano de hoje do que o conhecimento sobre o seu próprio ser e sobre o modo como se tornou o que é, sobre o que em sua personalidade é particularmente condicionado e só a ele pertencente.

Freud trouxe a ciência da alma, que já se tornara abstrata, de volta a esse centro vital interior. Pela primeira vez, desenvolveu de uma maneira quase poeticamente grandiosa o elemento dramático na construção da personalidade de cada pessoa, essa confusão ardente e apinhada no reino crepuscular entre o consciente e o inconsciente, onde o mais ínfimo estímulo produz os mais amplos efeitos e coisas passadas se unem a coisas presentes nos mais surpreendentes enredamentos – um mundo de extensão verdadeiramente planetária na estreita circulação sanguínea do corpo, inabarcável em sua totalidade, mas que pode ser contemplado prazerosamente como uma obra de arte em sua regularidade insondável. Mas o que há de regular em um ser humano – essa é a mudança decisiva de sua doutrina – jamais pode ser julgado de maneira academicamente esquemática, mas apenas vivenciado, vivenciado em conjunto e revivenciado, e, a partir desse vivenciar, reconhecido como a única coisa aqui válida. Nunca se consegue compreender uma personalidade com uma fórmula rígida, mas apenas a partir da forma própria, marcada pelas vivências, de um destino: por isso, todo curar em sentido médico, todo auxiliar em sentido moral pressupõem, para Freud, conhecimento e, mais exatamente, um conhecimento afirmador, compassivo e, assim, verdadeiramente sabedor. Por isso, o respeito pela personalidade, por esse "segredo manifesto"[2] em sentido goethiano é para ele o mais incontornável princípio de toda ciência da alma e toda terapia da alma, e esse respeito foi algo que Freud, como nenhum outro, ensinou a considerar novamente como mandamento moral. Apenas graças a ele milhares e centenas de milhares compreenderam pela primeira vez a vulnerabilidade da alma, em especial da alma infantil, e, face aos ferimentos por ele descobertos, começaram a suspeitar que toda abordagem grosseira, toda intromissão brutal (muitas vezes, apenas com um palavra!) nessa matéria hipersensível, dotada de uma funesta força de rememoração, pode destruir um destino; que, portanto, todo punir, proibir, ameaçar e disciplinar irrefletidos colocam sobre o punidor uma responsabilidade até então desconhecida. O respeito pela personalidade, mesmo em suas particularidades desviantes, foi por ele reintroduzido com profundidade cada vez maior na consciência do presente, na escola, na igreja e no tribunal, esses lugares de rigidez e rigor, e, graças a essa melhor compreensão do anímico, ele também difundiu no mundo uma consideração e uma tolerância superiores. A arte da compreensão mútua, importantíssima no âmbito das relações humanas, cada vez mais necessária entre as nações, esta única arte que pode nos auxiliar na construção de uma humanidade superior, não recebeu

---

2. Provável alusão ao poema "Offenbar Geheimnis" [Manifestamente, segredo], incluído em *West-östlicher Diwan* [Divã ocidental-oriental]. (N.T.)

de nenhum método espiritual de nosso tempo tanto incentivo quanto da teoria da personalidade de Freud; foi apenas graças a ele que a importância do indivíduo, o valor insubstituivelmente único de cada alma humana, tornou-se perceptível ao nosso presente em um sentido novo e ativo. Não há uma única pessoa de renome na Europa, em todos os campos da arte, da pesquisa e das ciências da vida, cujas concepções não tenham sido influenciadas direta ou indiretamente de modo criador, devido à atração ou à defesa, pelos círculos de pensamento de Freud: por toda parte, esse excêntrico atingiu o centro da vida – o humano. E enquanto os especialistas ainda não conseguem se conformar com o fato de essa obra não se portar estritamente segundo as regras das opiniões acadêmicas nem na medicina, nem nas ciências naturais, nem na filosofia, enquanto conselheiros privados e eruditos ainda disputam furiosamente acerca de detalhes e do valor último, a doutrina de Freud já se mostrou há muito irrefutavelmente verdadeira – verdadeira naquele sentido criador, cunhado por Goethe com as inolvidáveis palavras: "O que é fecundo, tão somente, é verdadeiro".[3]

3. Verso do poema "Vermächtnis" [Legado]. (N.T.)

A nova obra de Freud *O mal-estar na cultura*

Em seu septuagésimo ano de vida, idade em que a mente produtiva tende a cansar-se gradualmente, Sigmund Freud surpreendeu tanto seus amigos quanto seus opositores ao mudar e expandir sua visão de mundo, construindo, sobre suas investigações científicas exatas e especializadas, a cúpula artística de uma visão religiosa metafísica (ou melhor, antimetafísica) (*O futuro de uma ilusão*, 1927). Agora, uma nova obra, *O mal-estar na cultura* (*Psychoanalytischer Verlag*), complementa a sua visão filosófica do mundo de uma forma muito bem-vinda, demonstrando, mais uma vez, a amplitude e o vigor desta mente rigorosa e indomável, uma obra completamente produtiva e única e que, tal como cada uma de suas obras anteriores, estimula veementemente a discussão. Lançar questões ao mundo, ou seja, elucidar problemas segundo o método socrático, sempre foi a especial arte e paixão de Freud: esta nova e inesperada certamente atrairá também a atenção geral.

Por que a pessoa contemporânea não se sente confortável na cultura? É assim que Freud formula esta questão. Afinal, ela realizou coisas infinitas, expandiu incomensuravelmente seus sentidos, tornou-se – palavras brilhantes – um "deus de prótese" graças a suas descobertas técnicas. Graças à membrana telefônica, seu ouvido pode ouvir até os continentes mais distantes, o seu olho pode ver até as estrelas graças ao telescópio, sua palavra passa a centenas de milhares de quilômetros por segundo no telégrafo e permanece indestrutível, a palavra outrora fugaz no disco do gramofone. Capturamos o relâmpago, domesticamos os elementos, a luz salta para nós com um movimento de nossa mão, todos os elementos estão servilmente sujeitos a nós, mamíferos bípedes. Mas por que, apesar destes triunfos da comunidade, não existe em cada um de nós um verdadeiro sentimento de vitória, um sentimento puro de felicidade, mas sim um mal-estar, um misterioso desejo de regresso a condições mais primitivas, mais antigas? Freud responde a esta questão da seguinte maneira – ou não, ele não responde de fato, pois o pesquisador exato que há nele é poderoso demais para tentar uma "solução" simples para complexos emocionais tão densos – por isso, apenas insinua cautelosamente alguns destes componentes de desprazer na medida em que implica no subconsciente do indivíduo que ele pagou por este aumento de poder e segurança com uma perda de liberdade pessoal. De acordo com a visão já bem conhecida de Freud, apenas uma fina camada superior do eu é colorida pela consciência, pela cultura, pela ética – a verdadeira massa escura e elementar do eu humano permanece completamente instintiva em seus desejos e vontades, sua libido indomável nada sabe (e os sonhos revelam isso) das sublimações e espiritualizações a que o eu superior, socialmente limitado, há muito se habituou.

E, ao longo dos séculos, esses instintos primordiais do ser humano e da humanidade foram se tornando cada vez mais restritos. Não só a sexualidade, que circulava livremente entre os sexos, não só bissexual, mas também multissexual, teve de suportar uma série de restrições, como a proibição do incesto, e foi gradualmente reduzida pela norma estatal e religiosa ao monótono coito conjugal com um único objeto do sexo oposto – outras pulsões elementares, como a pulsão agressiva, também lhe foram retiradas por meio de proibições religiosas e mandamentos morais; assim, o ser mais íntimo, o eu primitivo, sente que foi privado de suas paixões mais avassaladoras, que todas as conquistas mais elevadas de segurança e ordem na vida são pagas com renúncia, que há necessariamente uma "perda de felicidade por meio do controle dos instintos", e a natureza secretamente anárquica e obstinada do instinto, na verdade, não tem mais escape em nosso mundo bem ordenado: daí esse mal-estar secreto, sempre acentuado em toda cultura, e que Freud quer transformar nesta obra de "secreto" em compreensível e inteligível (clarificar e acentuar o inconsciente e o semiconsciente foi sempre o gênio especial deste homem extraordinário). Este problema é magnificamente colocado por Freud, e ainda se pode encontrar inúmeras provas de sua existência – citarei apenas uma. É certo que a escolha da nossa leitura representa um substituto da satisfação da imaginação para os nossos próprios atos instintivos. E que o nosso mundo de hoje nada exige do teatro e dos livros além do estado de rebelião contra o normal, ele transfere seu impulso agressivo, seu impulso insatisfeito, para a leitura apaixonada de livros de guerra, seu ressentimento anárquico para histórias de Sherlock Holmes ou estudos criminais, o fato de ele admirar tão abertamente todos os desvios da sexualidade conjugal normal em livros e teorias, tudo isto é um sinal (muito profundo no inconsciente) de que o estado civilizado, ordenado, pacífico e oficial de nossa cultura contradiz algum instinto primordial de nosso ser, e as brincadeiras das crianças, mais sinceras porque ainda moralmente desinibidas, com a sua alegria de soldado, a sua crueldade ocasional, mostram realmente a "tendência agressiva" daquele "isto" em nós que teimosamente se recusa a tornar-se um eu moral. E neste limbo entre o instinto primordial e as exigências sociais e éticas, neste medo da lei externa e de sua sombra negra interior, a consciência, o ser humano cultural, segundo Freud, gasta grande parte de sua força para o gozo puro e irrefletido da felicidade. Por vezes, ele sente o quanto a "cultura" o esvazia de sua libido mais íntima e, então, é dominado por esse mal-estar que, em alguns indivíduos, leva até mesmo a expressões neuróticas e que, de outra forma, apenas aumenta sentimentos ocasionais de desalento em uma atitude trágica em relação ao mundo.

Como remediar isso agora? Freud não responde a essa pergunta – considera que sua tarefa, a de psicólogo, é essencialmente a de fazer perguntas e não de as responder. Seu espírito exato e completamente não místico tem uma timidez maravilhosamente honesta em relação a tudo o que é indemonstrável e não necessariamente válido. Ele insinua alguns componentes, como por exemplo a pulsão de morte como contrapulsão de Eros, mas estes, por não lhe parecerem plenamente demonstráveis, são apenas de natureza hipotética, e é comovente ver como este homem, que como investigador em seu próprio campo é autoritário até ao ponto da teimosia, incansável ao ponto do esplendoroso desafio, exprime a sua opinião com a maior contenção em cada digressão filosófica. Que nobre modéstia, e que rara modéstia, acima de tudo, quando escreve que "sabe pouco sobre estas coisas" ou que teme "dizer aqui o que já é comumente conhecido", que honesta confissão no final de que sabe que pode efetivamente trazer pouco consolo! Mas há muito estamos cansados dos consoladores profissionais que só querem tornar barata e confortável sua tarefa e a vida dos outros, e um diagnóstico corajoso como este supera uma centena de eufemismos suaves como manteiga. Aqui, o fio de prumo psicológico é baixado até o abismo de um problema de importância contemporânea, um problema insolúvel, é certo, mas que problemas podem realmente ser chamados de problemas se são facilmente solucionáveis? Aqui não se trata de interpretação otimista ou pessimista, foi-se o tempo em que uma academia fazia a difícil pergunta sobre se o progresso tornava as pessoas melhores ou não, e Jean Jacques Rousseau provocava o entusiasmo do mundo com o seu "não" categórico. É precisamente a forma dura e objetiva com que Freud apresenta suas teses, livres de quaisquer crenças ou tendências, que dá a quem quiser considerá-las seriamente algo de seu elevado rigor e determinação. Abundante em estímulos, repleta de material instigante, notável em muitos pormenores, esta obra (cuja questão de fundo foi apenas sugerida aqui) prova mais uma vez como temos de admirar em Sigmund Freud um pensador sério e de grande alcance, ao mesmo tempo que um investigador brilhante, e o quanto zombam de si mesmos aqueles que ainda querem relegar suas realizações como psicólogo ao caminho sexual de via única, enquanto seu impacto está constantemente expandindo fronteiras e é criativamente estimulante em todas as áreas da produção intelectual.

Discurso de Stefan Zweig
Cerimônia de cremação de Sigmund Freud

26 de setembro de 1939
Golders Green Crematorium de Londres

Permitam-me, na presença deste glorioso corpo, umas palavras de imenso reconhecimento em nome de todos os amigos vienenses, austríacos e estrangeiros, na língua[1] que Sigmund Freud enriqueceu e enobreceu com a sua obra de maneira tão grandiosa. Tenhamos, sobretudo, consciência de que nós, aqui reunidos por um luto em comum, vivemos um momento histórico, que o destino certamente não nos concederá uma segunda vez. Lembremos que, para outros mortais, para quase todos os mortais, no breve minuto em que o corpo esfria, a sua existência, a sua presença entre nós, termina para sempre. Mas, para este homem diante do qual estamos, este homem único nesta nossa época desconsolada,[2] a morte é apenas um fenômeno fugaz e quase desprovido de essência. Neste caso, desaparecer do meio de nós não é o fim, não é um duro encerramento, mas simplesmente uma

1. Aqui o autor se refere à língua alemã. (N.T.)

2. Período da Segunda Guerra Mundial. Viena sofrera com o advento da anexação da Áustria pela Alemanha (*Anschluss*). Em 1938, Freud vai para seu exílio em Londres. (N.T.)

transição suave da mortalidade para a imortalidade. Pela transitoriedade do corpo que hoje perdemos dolorosamente, salva-se o imperecível de sua obra e de seu ser – nós todos nessa sala, que ainda respiramos e vivemos e falamos e escutamos, todos, todos juntos não estamos vivos em sentido espiritual nem uma milésima parte sequer de como está este nobre morto em seu estreito esquife terreno.

Não esperem que eu louve diante dos senhores os feitos em vida de Sigmund Freud. Os senhores conhecem sua obra, e quem não a conhece? Quem da nossa geração não foi moldado intimamente e transformado por ela? Esta magnífica descoberta da alma humana vive como lenda imortal em todos os idiomas, e isto no mais stricto sensu da palavra, porque existe acaso uma língua que pudesse prescindir e abster dos conceitos, dos vocábulos que ele extraiu do crepúsculo do pré-consciente? Moral, educação, filosofia, arte poética, pintura e psicologia, todas e todas as formas de criação espiritual e do entendimento anímico, há duas ou três gerações, foram enriquecidas e revalorizadas por ele como por nenhum outro de nossa época – mesmo os que não sabiam de sua obra ou se voltaram contra seus conhecimentos, mesmo aqueles que não reconheceram seu nome, estão inconscientemente em dívida com ele e submetidos à sua vontade espiritual.

Cada um de nós, homens do século XX, seria diferente sem ele no pensamento e compreensão; cada um de nós pensaria, julgaria, sentiria de forma mais estreita, menos livre, mais injusta sem suas ideias inovadoras, sem aquele poderoso impulso em direção ao âmago que ele nos legou. E cada vez que tentarmos penetrar no labirinto do coração humano, sua luz espiritual estará ainda em nosso caminho.

Tudo o que Sigmund Freud criou e anunciou como descobridor e guia permanecerá conosco no futuro; somente uma coisa nos deixou: o próprio homem, o amigo precioso e insubstituível.

Eu acredito que todos nós, sem distinção, por diferente que sejamos, nada ansiamos tão vivamente em nossa juventude como ver formado diante de nós, em carne e sangue, o que Schopenhauer nomeou como a forma suprema do ser-aí (*Dasein*): a existência moral, uma trajetória heroica. Todos sonhamos, quando crianças, encontrar um desses heróis sábios, por meio do qual pudéssemos nos formar e desenvolver substancialmente, um homem indiferente às tentações da glória e da vaidade, um homem de alma plena e responsável, devotado exclusivamente a sua tarefa, uma tarefa que, por sua vez, serve não a si mesmo, mas a toda humanidade. Este sonho entusiasmado de meninice, este postulado cada vez mais rígido de nossa maturidade, este morto realizou de forma inesquecível com a sua vida e nos presenteou com uma felicidade espiritual sem precedentes. Aqui está ele, finalmente, em meio a uma época vaidosa e ultrapassada: o homem imperturbável, que buscou de forma convicta a verdade, ao qual nada neste mundo era mais importante que o absoluto, o definitivo. Aqui está ele, por fim, diante de nossos olhos, diante de nossos corações reverentes, o mais nobre, o mais perfeito tipo de pesquisador com seu dilema eterno – cauteloso, por um lado, examinando cuidadosamente, refletindo por sete vezes e duvidando de si mesmo enquanto ele não tinha certeza de um conhecimento, mas, tão logo ele conquistasse uma convicção, a defendia contra a oposição de um mundo inteiro. Por meio dele, nós e nosso tempo experimentamos, uma vez mais de forma exemplar, que não há sobre a terra bravura mais esplêndida do que a liberdade e a independência deste homem intelectual; essa sua coragem de encontrar conhecimento permanecerá inesquecível para nós, conhecimentos que outros não descobriram porque não ousaram encontrar ou mesmo expressá-los e confessá-los. Mas ele ousou e ousou, incessantemente, sozinho contra todos, ousou aventurar-se onde ninguém antes tinha pisado, até o último dia de sua vida; que exemplo ele nos deu com essa bravura intelectual na luta eterna da humanidade pelo conhecimento!

Mas nós, que o conhecíamos, também sabemos que comovente modéstia pessoal habitava ao lado desta coragem pelo absoluto, e como ele, esta alma maravilhosamente forte, foi ao mesmo tempo o mais compreensivo sobre todas as fraquezas psíquicas nos demais. Este duplo tom profundo – a severidade do espírito, a generosidade do coração – originou ao final de sua vida a mais perfeita harmonia que se possa conquistar no mundo espiritual: uma sabedoria pura, clara e outonal. Quem o vivenciou em seus últimos anos era consolado em uma hora de conversa íntima sobre o contrassenso e a loucura de nosso mundo e, frequentemente, nessas horas, desejei também aos mais jovens que tivessem esta oportunidade, para que numa época em que não pudermos mais testemunhar a grandeza da alma deste homem ainda assim pudessem dizer com orgulho: "Eu vi um homem verdadeiramente sábio, conheci Sigmund Freud".

Algo pode nos reconfortar nesta hora: Freud havia concluído sua obra e havia concluído em plenitude a si mesmo, intimamente. Senhor até mesmo do inimigo primordial da vida, a dor física, por meio da firmeza do espírito, por meio da tolerância da alma e não menos senhor na luta contra o próprio sofrimento, como o fez ao longo de sua vida na luta contra o desconhecido e, portanto, foi exemplar como médico, como filósofo, como autodidata, até o último amargo instante. Obrigado por tal exemplo, amado e honrado amigo, e obrigado por sua grande e criadora vida, obrigado por cada um de seus atos e obras, obrigado pelo que foi e pelo que verteu de si em nossas almas – obrigado pelos mundos que abriu para nós e que agora percorremos sozinhos, sem guia, sempre fiéis a você, sempre nos recordando de você com um profundo respeito, amigo mais precioso, mestre mais amado, Sigmund Freud.

Coleção **L&PM** POCKET

ÚLTIMOS LANÇAMENTOS

1200.**Pequena filosofia da paz interior** – Catherine Rambert
1201.**Os sertões** – Euclides da Cunha
1202.**Treze à mesa** – Agatha Christie
1203.**Bíblia** – John Riches
1204.**Anjos** – David Albert Jones
1205.**As tirinhas do Guri de Uruguaiana 1** – Jair Kobe
1206.**Entre aspas (vol.1)** – Fernando Eichenberg
1207.**Escrita** – Andrew Robinson
1208.**O spleen de Paris: pequenos poemas em prosa** – Charles Baudelaire
1209.**Satíricon** – Petrônio
1210.**O avarento** – Molière
1211.**Queimando na água, afogando-se na chama** – Bukowski
1212.**Miscelânea septuagenária: contos e poemas** – Bukowski
1213.**Que filosofar é aprender a morrer e outros ensaios** – Montaigne
1214.**Da amizade e outros ensaios** – Montaigne
1215.**O medo à espreita e outras histórias** – H.P. Lovecraft
1216.**A obra de arte na era de sua reprodutibilidade técnica** – Walter Benjamin
1217.**Sobre a liberdade** – John Stuart Mill
1218.**O segredo de Chimneys** – Agatha Christie
1219.**Morte na rua Hickory** – Agatha Christie
1220.**Ulisses (Mangá) –** James Joyce
1221.**Ateísmo** – Julian Baggini
1222.**Os melhores contos de Katherine Mansfield** – Katherine Mansfield
1223(31).**Martin Luther King** – Alain Foix
1224.**Millôr Definitivo: uma antologia de *A Bíblia do Caos*** – Millôr Fernandes
1225.**O Clube das Terças-Feiras e outras histórias** – Agatha Christie
1226.**Por que sou tão sábio** – Nietzsche
1227.**Sobre a mentira** – Platão
1228.**Sobre a leitura** ***seguido do*** **Depoimento de Céleste Albaret** – Proust
1229.**O homem do terno marrom** – Agatha Christie
1230(32).**Jimi Hendrix** – Franck Médioni
1231.**Amor e amizade e outras histórias** – Jane Austen
1232.**Lady Susan, Os Watson e Sanditon** – Jane Austen
1233.**Uma breve história da ciência** – William Bynum
1234.**Macunaíma: o herói sem nenhum caráter** – Mário de Andrade
1235.**A máquina do tempo** – H.G. Wells
1236.**O homem invisível** – H.G. Wells
1237.**Os 36 estratagemas: manual secreto da arte da guerra** – Anônimo
1238.**A mina de ouro e outras histórias** – Agatha Christie
1239.**Pic** – Jack Kerouac
1240.**O habitante da escuridão e outros contos** – H.P. Lovecraft
1241.**O chamado de Cthulhu e outros contos** – H.P. Lovecraft
1242.**O melhor de Meu reino por um cavalo!** – Edição de Ivan Pinheiro Machado
1243.**A guerra dos mundos** – H.G. Wells
1244.**O caso da criada perfeita e outras histórias** – Agatha Christie
1245.**Morte por afogamento e outras histórias** – Agatha Christie
1246.**Assassinato no Comitê Central** – Manuel Vázquez Montalbán
1247.**O papai é pop** – Marcos Piangers
1248.**O papai é pop 2** – Marcos Piangers
1249.**A mamãe é rock** – Ana Cardoso
1250.**Paris boêmia** – Dan Franck
1251.**Paris libertária** – Dan Franck
1252.**Paris ocupada** – Dan Franck
1253.**Uma anedota infame** – Dostoiévski
1254.**O último dia de um condenado** – Victor Hugo
1255.**Nem só de caviar vive o homem** – J.M. Simmel
1256.**Amanhã é outro dia** – J.M. Simmel
1257.**Mulherzinhas** – Louisa May Alcott
1258.**Reforma Protestante** – Peter Marshall
1259.**História econômica global** – Robert C. Allen
1260(33).**Che Guevara** – Alain Foix
1261.**Câncer** – Nicholas James
1262.**Akhenaton** – Agatha Christie
1263.**Aforismos para a sabedoria de vida** – Arthur Schopenhauer
1264.**Uma história do mundo** – David Coimbra
1265.**Ame e não sofra** – Walter Riso
1266.**Desapegue-se!** – Walter Riso
1267.**Os Sousa: Uma família do barulho** – Mauricio de Sousa
1268.**Nico Demo: O rei da travessura** – Mauricio de Sousa
1269.**Testemunha de acusação e outras peças** – Agatha Christie
1270(34).**Dostoiévski** – Virgil Tanase
1271.**O melhor de Hagar 8** – Dik Browne
1272.**O melhor de Hagar 9** – Dik Browne
1273.**O melhor de Hagar 10** – Dik e Chris Browne
1274.**Considerações sobre o governo representativo** – John Stuart Mill
1275.**O homem Moisés e a religião monoteísta** – Freud
1276.**Inibição, sintoma e medo** – Freud
1277.**Além do princípio de prazer** – Freud
1278.**O direito de dizer não!** – Walter Riso
1279.**A arte de ser flexível** – Walter Riso
1280.**Casados e descasados** – August Strindberg
1281.**Da Terra à Lua** – Júlio Verne
1282.**Minhas galerias e meus pintores** – Kahnweiler
1283.**A arte do romance** – Virginia Woolf

1284.**Teatro completo v. 1: As aves da noite *seguido de* O visitante** – Hilda Hilst
1285.**Teatro completo v. 2: O verdugo *seguido de* A morte do patriarca** – Hilda Hilst
1286.**Teatro completo v. 3: O rato no muro *seguido de* Auto da barca de Camiri** – Hilda Hilst
1287.**Teatro completo v. 4: A empresa *seguido de* O novo sistema** – Hilda Hilst
1289.**Fora de mim** – Martha Medeiros
1290.**Divã** – Martha Medeiros
1291.**Sobre a genealogia da moral: um escrito polêmico** – Nietzsche
1292.**A consciência de Zeno** – Italo Svevo
1293.**Células-tronco** – Jonathan Slack
1294.**O fim do ciúme e outros contos** – Proust
1295.**A jangada** – Júlio Verne
1296.**A ilha do dr. Moreau** – H.G. Wells
1297.**Ninho de fidalgos** – Ivan Turguêniev
1298.**Jane Eyre** – Charlotte Brontë
1299.**Sobre gatos** – Bukowski
1300.**Sobre o amor** – Bukowski
1301.**Escrever para não enlouquecer** – Bukowski
1302.**222 receitas** – J. A. Pinheiro Machado
1303.**Reinações de Narizinho** – Monteiro Lobato
1304.**O Saci** – Monteiro Lobato
1305.**Memórias da Emília** – Monteiro Lobato
1306.**O Picapau Amarelo** – Monteiro Lobato
1307.**A reforma da Natureza** – Monteiro Lobato
1308.**Fábulas *seguido de* Histórias diversas** – Monteiro Lobato
1309.**Aventuras de Hans Staden** – Monteiro Lobato
1310.**Peter Pan** – Monteiro Lobato
1311.**Dom Quixote das crianças** – Monteiro Lobato
1312.**O Minotauro** – Monteiro Lobato
1313.**Um quarto só seu** – Virginia Woolf
1314.**Sonetos** – Shakespeare
1315(35).**Thoreau** – Marie Berthoumieu e Laura El Makki
1316.**Teoria da arte** – Cynthia Freeland
1317.**A arte da prudência** – Baltasar Gracián
1318.**O louco *seguido de* Areia e espuma** – Khalil Gibran
1319.**O profeta *seguido de* O jardim do profeta** – Khalil Gibran
1320.**Jesus, o Filho do Homem** – Khalil Gibran
1321.**A luta** – Norman Mailer
1322.**Sobre o sofrimento do mundo e outros ensaios** – Schopenhauer
1323.**Epidemiologia** – Rodolfo Sacacci
1324.**Japão moderno** – Christopher Goto-Jones
1325.**A arte da meditação** – Matthieu Ricard
1326.**O adversário secreto** – Agatha Christie
1327.**Pollyanna** – Eleanor H. Porter
1328.**Espelhos** – Eduardo Galeano
1329.**A Vênus das peles** – Sacher-Masoch
1330.**O 18 de brumário de Luís Bonaparte** – Karl Marx
1331.**Um jogo para os vivos** – Patricia Highsmith
1332.**A tristeza pode esperar** – J.J. Camargo
1333.**Vinte poemas de amor e uma canção desesperada** – Pablo Neruda
1334.**Judaísmo** – Norman Solomon
1335.**Esquizofrenia** – Christopher Frith & Eve Johnstone
1336.**Seis personagens em busca de um autor** – Luigi Pirandello
1337.**A Fazenda dos Animais** – George Orwell
1338.**1984** – George Orwell
1339.**Ubu Rei** – Alfred Jarry
1340.**Sobre bêbados e bebidas** – Bukowski
1341.**Tempestade para os vivos e para os mortos** – Bukowski
1342.**Complicado** – Natsume Ono
1343.**Sobre o livre-arbítrio** – Schopenhauer
1344.**Uma breve história da literatura** – John Sutherland
1345.**Você fica tão sozinho às vezes que até faz sentido** – Bukowski
1346.**Um apartamento em Paris** – Guillaume Musso
1347.**Receitas fáceis e saborosas** – José Antonio Pinheiro Machado
1348.**Por que engordamos** – Gary Taubes
1349.**A fabulosa história do hospital** – Jean-Noël Fabiani
1350.**Voo noturno *seguido de* Terra dos homens** – Antoine de Saint-Exupéry
1351.**Doutor Sax** – Jack Kerouac
1352.**O livro do Tao e da virtude** – Lao-Tsé
1353.**Pista negra** – Antonio Manzini
1354.**A chave de vidro** – Dashiell Hammett
1355.**Martin Eden** – Jack London
1356.**Já te disse adeus, e agora, como te esqueço?** – Walter Riso
1357.**A viagem do descobrimento** – Eduardo Bueno
1358.**Náufragos, traficantes e degredados** – Eduardo Bueno
1359.**Retrato do Brasil** – Paulo Prado
1360.**Maravilhosamente imperfeito, escandalosamente feliz** – Walter Riso
1361.**É...** – Millôr Fernandes
1362.**Duas tábuas e uma paixão** – Millôr Fernandes
1363.**Selma e Sinatra** – Martha Medeiros
1364.**Tudo que eu queria te dizer** – Martha Medeiros
1365.**Várias histórias** – Machado de Assis
1366.**A sabedoria do Padre Brown** – G. K. Chesterton
1367.**Capitães do Brasil** – Eduardo Bueno
1368.**O falcão maltês** – Dashiell Hammett
1369.**A arte de estar com a razão** – Arthur Schopenhauer
1370.**A visão dos vencidos** – Miguel León-Portilla
1371.**A coroa, a cruz e a espada** – Eduardo Bueno
1372.**Poética** – Aristóteles
1373.**O reprimido** – Agatha Christie
1374.**O espelho do homem morto** – Agatha Christie
1375.**Cartas sobre a felicidade e outros textos** – Epicuro
1376.**A corista e outras histórias** – Anton Tchékhov
1377.**Na estrada da beatitude** – Eduardo Bueno

IMPRESSÃO:

PALLOTTI
GRÁFICA

Santa Maria - RS | Fone: (55) 3220.4500
www.graficapallotti.com.br